这就是零售

零售的正确打开方式

仲海松 李雷 —— 著

中国商业出版社

图书在版编目（CIP）数据

这就是零售：零售的正确打开方式 / 仲海松, 李雷著. -- 北京：中国商业出版社, 2024.3
ISBN 978-7-5208-2887-1

Ⅰ.①这… Ⅱ.①仲…②李… Ⅲ.①零售业－商业经营 Ⅳ.①F713.32

中国国家版本馆CIP数据核字（2024）第073136号

责任编辑：许启民

策划编辑：武维胜

中国商业出版社出版发行

（www.zgsycb.com　100053　北京广安门内报国寺1号）

总编室：010-63180647　编辑室：010-83128926

发行部：010-83120835/8286

新华书店经销

廊坊市海涛印刷有限公司印刷

*

880毫米×1230毫米　32开　8印张　160千字

2024年3月第1版　2024年3月第1次印刷

定价：68.00元

****

（如有印装质量问题可更换）

目录

走近零售　/　001

大话商业模式　/　024

SPA 模式解读　/　052

零售战略刍议　/　067

零售标准化管理　/　082

商品企划浅谈　/　102

零售品类管理　/　115

零售价格管理　/　127

零售促销管理　/　140

零售供应链管理核心　/　160

零售企业数字化转型　/　206

走近零售

▶ 零售的定义

零售无疑不是一个现代的新概念,从行业维度来看,零售是一个历史悠久的行业,在其漫长的发展历程中,它不断接受着新的信息与元素,并不断在旧有的业态基础上裂变出新的业态。

有人或许会觉得零售不够起眼而常常忽视它,但零售却永远以欢迎消费者下一次光顾的姿态让我们始终离不开它。在零售行业中,人们既可以把企业规模做得十分庞大,也可以做得极其袖珍,因此,每一位零售从业者都有其大展拳脚的空间。

如果一定要给零售下一个定义,其实只需要一句话:零售就是把商品卖给消费者,是商品或服务从流通领域进入消费领域的最后环节。对,这就是零售!但零售却远不止如此。

美国迈克尔利维和巴顿韦茨在他们合著的《零售管理》一

这就是零售
零售的正确打开方式

书中认为："零售是一系列的商业活动，它通过向消费者出售供个人及家庭使用的产品和服务来创造价值。"

在通常认知中，人们认为零售只是在商店里出售商品。事实上，零售也包括提供服务，如汽车旅馆提供的住宿、医生进行的体检、录像带的出租或比萨饼的外卖等。零售活动也不全是在商店中进行的，非店面零售的例子如CD-NOW公司在网上出售CD唱片、玫琳凯直销化妆品、比恩和巴塔哥尼亚公司提供的目录销售等。

著名营销大师菲利普科特勒认为："所谓零售指将货物和服务直接出售给最终消费者的所有活动，这些最终消费者为了个人生活消费而不是为了商业用途消费。任何从事这种销售的组织，无论是生产者、批发者和零售商，都是在开展零售业务。"

广东商学院管理学院教授、硕士生导师肖怡在《零售学》中将零售定义为："向最终消费者个人或社会集团出售生活消费品或非生产性消费品及相关服务，以供其最终消费之用的全部活动。"

总之，对于零售业，我们可以从种种角度去分析考察，也会得出种种不同的结论，所谓"横看成岭侧成峰"，没有必要也不可能有最佳定义或答案，只要适合我们的研究或商业实践即可。以下是我们挑选出来的关于零售的25种说法，多数不是严格的定义，但绝对富有启发性。

零售是变化。零售业时刻都在变化，变化是绝对的，不变是相对的。零售业随着经济的发展而发展，相应的调整也要

"与时俱进"。只有在变化中，零售业才能发展，否则只能被市场竞争的巨浪掀翻。

零售是方便。零售应该最大限度地为消费者提供方便。这种方便要体现在商场的各个角落、各个细节之中，如代客礼品包装、免费寄存、提供婴儿手推车等，商家正在不知不觉间随着时代进步。

零售是服务。零售是为消费者提供全方位服务。从某种意义上讲，零售就是服务，服务创造价值，服务工作管理到位能使企业形象提升、无形资产增值。"顾客是我们的衣食父母""顾客满意是我们永久的追求""顾客永远是对的"等，这些服务理念都是通过实践提炼出的精华。只有视顾客为上帝，顾客才会将商场视为自己的家，有了家的感觉，双方才会在"双赢"的思维中各自获益。

零售是管理。管理是企业永恒不变的主题。想把企业做得好、做得活，使企业得到长足发展，就得千方百计地提高企业效率。零售业的管理更是要创出特色模式，只有提高科学管理水平，才能进一步提升企业的核心竞争能力。

零售是活动。零售业的活动是企业不断保持活力的源泉。无论是文化公关还是业务促销活动，都是企业对外展示自身形象、促进企业效益提升的法宝。"不搞活动是等死"是一家商场老总的肺腑之言。现在的商场竞争已从传统的商品和服务的竞争，向现代化的营销竞争转变。商场不仅要练好内功，更重要的是要学会"打仗"。活动就是竞争的载体，是企业在开放性的市场中要直面的关隘。

零售是纪律。铁的纪律是保证一支零售队伍战无不胜的前提。从某种意义上说，纪律即规章、制度、法制，"无规矩不成方圆"。零售团队好比作战队伍，市场即战场，只有纪律严明的队伍才能打胜仗。

零售是激励。只有不断地激励，团队才能保持旺盛的取胜欲望。激励包括指标的激励、个人价值实现的激励等。有激励才有激情，企业才会保持永续向前的不竭动力。

零售是体现。零售业就是体现业态，体现科技能力。零售的体现是全方位的，一个地区经济的发达程度，零售业体现得最为明显。真正的摩尔（SHOPPING MALL）还是集中在北京、上海、广州等这些大城市中。业态的丰富、商品的繁荣反映了地区在经济多层次、物流运输等诸多方面的实力。

零售是效率。零售业就是保持高效率、高流转。商品的周转次数是零售业重要的指标之一，它体现了零售业的效率。如果不能很好地解决这个问题，企业将陷入库存积压、资金流通不畅等诸多问题中。市场在不断淘汰低效率的零售企业，零售企业也在选择中不断淘汰低效率的供应商。"末位淘汰"不只适用于人力资源管理上，也被商家用在供应链管理等方面。

零售是系统。零售业就是由多个相互关联、独立统一的系统集合而成的。系统间的协调、组织严密，直接影响到其整体的前行。系统内的每个单元都要尽可能发挥其最大的功用，保持系统内部各部分的最佳配置和最优组合是零售业的重点关注点。

零售是细节。零售就是细微处见真理。细节决定成败，这点对于零售业尤为重要。国内零售业与世界零售巨头的差距在此问题上体现得尤为明显,尤其是"超市业态",从防损、收货、客服、营运到采购,各个环节环环相扣,处处都必须用表格、数字说话,一个环节达不到要求就会影响整个系统的运转。

零售是诱惑。零售就是通过诱惑消费者来赚取利润,与此同时,自身又要不断地抗拒诱惑。零售业的诱惑体现在两方面:一方面是通过店堂陈列、整体布局、商品品质来吸引顾客产生购买欲望,进而达成购买行为;另一方面是零售从业人员要抗拒外来的各种利益诱惑。

零售是"单品驱动"。零售业就是靠"单品"赢得利润。随着市场竞争的加剧、商品品类增多,"单品管理"已成为企业日常管理中最为重要的手段之一。

零售是丰满陈列。零售业就是靠丰满的陈列来赢得顾客"眼球"。终端促销在现代营销中越来越重要,除了如折扣、减价、赠送、现场示范等现场促销活动外,商品展示与陈列及POP广告等也越发重要。强化品牌在终端的曝光度,争取更大更好的陈列位置,在零售点做特殊陈列、改变品牌的陈列方式,使消费者容易拿、容易看,这是现代商家必须研究的课题。

零售是顾客满意。顾客的满意度就是企业的无形资产和商誉。对任何企业而言,商品和服务质量的管理都应提到重要议事日程上来,且要将顾客满意率控制在99%以上。顾客的口碑效应是巨大的,会影响到企业的消费群。

零售是解决问题。零售业就是靠不断地解决问题来化繁为简、化整为零。不怕有问题,怕的是发现问题却不解决,那样只会将问题复杂化。

零售业的问题更多地体现在商品、服务、价位和渠道四方面。要使问题顺利解决，不仅要配备专业、职业素养高的管理人员，还要使解决问题的渠道畅通。作为企业领导，虽不需要亲力亲为，但也要做到不定期下到基层，了解情况，听取不同声音。

零售是降低成本。零售业就是靠不断降低成本来赚取更大的毛利。在零售业的利润越来越低的情况下，不但要提高销量，更要降低成本。

零售是控制损耗。零售业就是靠控制损耗来赚取更大的利润。损耗是零售业不可避免的一个问题，因而企业需要根据企业的形态特征设立底线，如果超越了底线，就要从自身查找问题，及时解决。

零售是品种丰富。零售业就是靠丰富的品种来吸引消费者，以达到盈利目的。新一代消费者的需求越来越多样化、个性化，只有品种丰富才能吸引更多消费群体光顾，才能满足顾客一站式购物的需要。品种丰富不代表一定要"大而全"，而是应该在种类宽度和深度上下功夫，在"精"的基础上做"全"做"大"。

零售是"人旺货畅"。零售业就是靠人气和货品的兴旺畅通来凝聚财源。只有人气兴旺、货品畅通才能广聚财源，没有人气的商场离关门也就不远了。人气提升除了商场自身积聚人气的魅力外，其营销手段的运用和"由头"事件的制造也可让商场经常处在社会焦点之中，以提升人气。货品畅通需要颇具实力的供应商和廉洁、高效的营销采购队伍的通力合作。货品丰富、种类繁多,自然会吸引更多受众群体的光顾。

零售是市场导向。零售就是以市场导向作为经营方针和策略。一切围着市场转,以市场为导向才不会迷失方向。不要轻视任何对手,也不要将对手想象得过于强大。现代营销越来越重视数字和表格的作用,日资零售店在这方面给我们有益的帮助,具有借鉴意义。

零售是销售商品。零售业就是研究如何将生产厂商生产的商品通过各种手段销售出去,从而产生经济、社会效益。

零售是销售额。销售额是衡量零售成功的重要指标。只有销售额上去了,才会赢得更多供应商的信赖,才会为企业赚取更多利润,才能谈发展。当然,对销售额的考察不应该只停留在绝对销售额上。在实际工作中,有时会存在一个误区,即只要销售额上去了,活动就算成功,而没有全面评估活动的实际效果。其实对于营销效果的评估,除了要看当期的销售额,还要看同期与前期的销售额。用同期增长率减去前期增长率,得出的才是实际增长率,这才是活动的最终效果。

零售是与众不同。零售就是与众不同、独具特色。有个性才有生命力,才能在竞争中长盛不衰。在"千店一面"的零售店里,如何彰显自身的独特魅力,是零售业必做的功课之一。零售的与众不同可以体现在令人耳目一新的店面风格、准确鲜明的商品定位、超值高效的服务、标新立异的促销方式等方面。

零售是增加会员。零售就是靠不断增加的会员来使自己立于不败之地。对于一家新开店来说,如何锁定固定的消费群体是其在市场竞争中赢得份额的重要举措，而会员制是零售业非常重视的一种重要营销手段。会员卡按种类划分可分为会员卡、VIP卡（贵宾）两种；按品类划分又可分为积分卡、优惠卡、储值卡等。

▶ 零售业的分类

在产品销售领域中，零售业的变化是绝对的，不变是相对的。随着经济的不断发展，零售业的业态、商品结构、组织架构等方面都在变化。只有在变化中，零售业才能发展，否则只能被市场竞争的巨浪掀翻。

1. 零售业类型

我国政府统计机构根据零售商业"业种"的不同，大致将零售业分为八大类。

（1）食品、饮料、烟草零售业。

（2）日用百货零售业。

（3）纺织品、服装和鞋帽零售业。

（4）日用杂品零售业。

（5）五金、交电、化工零售业。

（6）药品及医疗器械零售业。

（7）图书报刊零售业。

（8）其他零售业（包括家具零售业、汽车、摩托车及其零配件零售业、计算机及软件、办公设备零售业等）。

也有根据零售业态的不同来对零售业进行分类的。所谓零售业态，指针对特定消费者的特定需要，按照一定的战略目标，有选择地运用商品经营结构、店铺位置、店铺规模、店铺形态、价格政策、销售方式、销售服务等经营手段，提供销售和服务的类型化经营形态。

零售业态的划分：一类是按不同营销形式划分的业态，如折扣商店、方便店、总代理、总经销、批零兼营、工商联营等；另一类是按企业组织形式划分的业态，如企业集团、超级市场、连锁店、综合商店、专业店、仓储店及附设娱乐、餐饮、休闲的购物中心或商业城等。

2.中外零售商业的主要业态

（1）百货店（Department Store）。

（2）专业商店（Category Store）。

（3）专卖店（Specialty Store）。

（4）超级市场（Super Market）。

（5）大型超市（Hyper Market）。

（6）便利店（Convenience Store）。

（7）折扣商店（Discount Store）。

（8）仓储式商店（Warehouse Store）。

（9）购物中心（Shopping Center）。

（10）家居改建中心（Home lmprovement Center）。

（11）单一价商店（Singsle Price Store）。

（12）剩余品商店（Out Let Store）。

（13）杂货店（Variety Shop）。

（14）邮寄（目录）商店（Catalog Retailing）。

（15）访问（直接）销售（Direcc Selling）。

（16）自动售货机（Vending Machines）。

（17）网上商店（lnternet Store）。

回顾现代近一百多年的零售业发展历史，我们会发现，市场发达国家的零售业经历了三次革命性变化。第一次以百货商店的诞生为标志，1852年法国出现首家百货店，标志着零售业从过去分散、单一经营的商店发展为综合经营各类商品的百货商店。第二次以20世纪30年代兴起的超级市场为标志，它通过批量销售体制和自我服务方式创造出深受消费者欢迎的薄利多销的新业态。第三次则以20世纪50年代兴起的连锁经营的广泛发展为标志。近年来，零售业则又出现了仓储式商场、专卖店、折扣店、步行商业街、购物中心等新业态。

纵观西方零售业态的发展，可以看出其发展变化的趋势：从简单到复杂、由低级到高级、从单体到复合体、由单纯买卖到多功能化。由零售生命周期理论可知，零售业态如同产品一样，也会经过导入、成长、成熟和衰退阶段，而且随着市场与科技的不断发展，零售生命周期也在不断缩短。据有关专家测算，世界零售生命周期由过去的100年缩短到30~40年，进入20世纪90年代则缩短为10~15年。目前，我国各种零售业态生命周期都比西方滞后一个阶段，且生命周期各阶段之间的过渡时间仍在日益缩短，这也是我国零售业所面临的最大挑战之一。

▶ 零售的基本要素

任何繁复的存在都有其最基本的运行发展规律作为支撑。好比我们的物质世界乃至宇宙的运行，看似繁杂，但都有其基本的运行定律，只要了解并掌握其中的规律，就可以对其做出解释、预测或改变。

在了解零售的规律前，首先我们要搞清楚一个基本事实：参与零售的基本要素有什么？

无论零售的方式、方法、形态如何变化，零售的本质就是把商品卖给消费者，那么零售必定有两个最基本的要素：商品和消费者。

首先，我们来看商品。商品是一个广义的集合，随着互联网的蓬勃发展，商品的形态也在迅速发生变化。它可以是实物商品，也可以是如软件、游戏、电子书等数字化商品，还可以是虚拟商品、金融商品、服务等。总之，一切有价值的东西，都可以成为商品。

其次，我们再看消费者。消费者也就是消费商品的人，消费者群体可谓相当庞大，因而可以有丰富的形态，可以按照性别、收入、年龄、职业、消费偏好、消费能力等进行细分。零售业经营者应该按照自己的经营需求对自己的消费群体进行细分定位，进而确定属于自己的目标消费者。

任何零售策略的制定都不应损害反而要加强商品和消费者

这两个要素禀赋，损害商品价值和消费者的策略哪怕能在短期内带来收益，但从长远来看也是损多利少。

举例说明，任何脱离商品价值的促销（价格策略）都不是可持续的零售策略，一切交易价值最终都要回归于商品价值。不可否认，促销的确可以作为企业挑战市场的利器，使企业在短期内解决新产品上市、盘活资金、清理库存、打击竞争对手等问题，但有些企业竟将促销作为长期推广活动并列入产品的发展计划之中，他们认为只要把商品销售出去就达到了目的，促销就是有效的，他们往往会忽视促销中应注意的品牌价值问题。品牌价值指品牌在需求者心目中的综合形象，包括其属性、品质、品位、文化、个性等，代表着该品牌可以为需求者带来的价值。品牌价值是品牌管理要素中最为核心的部分，也是品牌区别于同类竞争品牌的重要标志。短期内，方式恰当的打折促销不会伤害品牌的价值，但长期的、过于频繁的打折促销会不可避免地伤害到品牌的价值根基，因为消费者对任何商品都有一个价格预期，基于这个价格预期，消费者越觉得某种品牌值钱就越愿意为其商品付更高的价钱，但长期打折促销会给消费者一种品牌价值下降的暗示，且打折促销时间长了，消费者心中会形成一种思维定式，他们会认为只要没能购买到该品牌之下的打折促销商品就很吃亏，进而逐渐失去对该品牌之下商品的原价消费能力。

此外，事实证明，价格作为吸引消费者的竞争手段，它只限于招徕顾客，最终能够留住消费者的必定是商品和服务，消费者是否能够成为回头客主要看所提供的商品是否适销对路，服务是否让消费者满意，企业和产品的信誉是否让消费者放心且可以满足消费者的物质和精神需要。

所以，关于零售，我们应该有一种拨开迷雾看本质的能力。本书将结合零售实践帮助我们更好地理解零售。

▶ 零售的基础

零售存在的基础是什么？

商品与服务为谁而生？效率与体验为谁而设？心思为谁而动？当然是消费者，没了消费者，整个零售行业便不复存在。满足消费者的需求是零售业一切工作的出发点和落脚点。满足消费者对商品的需求是零售存在的基础。

那么，从消费者角度来看，他们在购买某种商品时，更注重哪几个方面的主要因素呢？

1.高效便宜：与类似或同样的商品相比价格更低

网购VS实体超市：电商的出现对实体商超的冲击是显而易见的，其中很重要的一个原因就是电商可以把相同的商品以更低的价格提供给消费者。尤其是电器产品，不管是价格、效率还是营销模式，实体数码商城的竞争力均弱于电商平台，京东对实体数码商城的冲击是较为直接和彻底的。

2.快速便利：与类似或同样的商品相比获取更方便

便利店VS超市：虽然电商的出现使实体商超受到了相当程度的冲击，但我们发现，近几年便利店反而发展得尤为迅速，这是什么原因呢？便利店具有店面小、容易复制、销售商品灵活等优势，而快速便利是便利店的生存关键所在。便利店以一种小型的经营模式快速渗透在城市的每一个角落，营业时间一般为24小时且全年无休，加之其开店地点较为灵活，很好地填补了消费者的消费空隙，其销售的商品也以顾客日常的必需品为主。

3.品牌制造：可以为消费者提供更好的、更独特的商品

戴森牌吹风机VS其他品牌吹风机：作为一个消费者，最想知道的就是戴森吹风机凭什么卖那么贵？传统吹风机消费者一直被噪声大所困扰，戴森（Dyson）设计的吹风机则解决了这一难题。此外，戴森吹风机的外形设计精美时髦，采用独特智能控温技术，马达转速高达每分钟11万次，从而使其运行十分安静。同时，其多重空气流设计提高了吹干头发的效率，出风口的温度也能够精确测量从而防止头发损伤。因而，戴森CEO马克思·康泽曾说，消费者必须为戴森的产品多付一点钱，因为戴森牌的吹风机可以让消费者体验到吹头发的快乐。戴森凭借其产品的独特优势，赢得了消费者的青睐。

▶ 零售业的发展变革

五六十岁的一代人出生于一个商品匮乏的年代，缺少某种生活必需品就去附近的商店买，比如家里没有食用油了，那么先看看附近的小商店有没有，如果不是很急的话，可以等有空的时候去大卖场采购。总体来说，过去的消费模式非常简单：按需购买、按计划购买，先产生需求，再去寻找商品，商圈半径在购买中起着决定性的作用。

结合当下看，和五六十岁那代人的按需购买、有计划消费完全不同，现在三四十岁的人在消费上随性得多，甚至充满了偶然性。于他们而言是先有商品信息，再产生需求（见图1-1）。

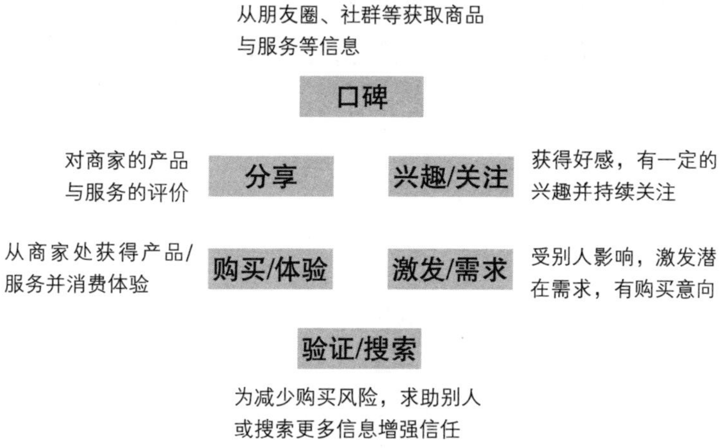

	从朋友圈、社群等获取商品与服务等信息	
	口碑	
对商家的产品与服务的评价	**分享** / **兴趣/关注**	获得好感，有一定的兴趣并持续关注
从商家处获得产品/服务并消费体验	**购买/体验** / **激发/需求**	受别人影响，激发潜在需求，有购买意向
	验证/搜索	
	为减少购买风险，求助别人或搜索更多信息增强信任	

图1-1 年轻消费者购买行为模型

第一步，他们在社交媒体（例如朋友圈）、网络浏览时看到一个口碑很好的商品。

第二步，他们会因为口碑对这个商品产生兴趣，心想"哇，竟然有这么好的东西，是不是真的啊"，然后在一段时间内会持续关注。

第三步，在朋友圈受到更多人的刺激和影响，产生了购买欲望。例如，当他们犹豫不决时，身边有个朋友跟他说"我刚刚买了，那个东西真不错"，于是他们的购买欲望一下子就被激起来了。

第四步，他们还会通过网络搜索寻找更多的相关信息（口碑）来验证。例如，经常可以在各种论坛上看到三四十岁的人发帖求助：对某某东西关注很久了，是否值得买入？

第五步，他们搜索来的结果大部分都是正面的信息、他们对验证结果很满意，这个时候他们会尝试性地购买。例如，很多三四十岁人的人在买护肤品时，会先买一个"小样"，用完之后满意了，再去购买正装。

第六步，使用完之后，他们会在一些社交平台（如朋友圈、论坛、微博）上晒图并分享自己的使用感受，这就形成了新的口碑。同时，他们的新口碑又会引起更多人的关注，其他人的第一步开始了，新的循环也就开始了，如此就形成了一个自动的营销循环。

在这个逻辑里面，商家做广告几乎是被忽略不计的。一个最典型的例子，我们自己的微信朋友圈里，一个公司在刷广告，我们点击过吗？我们会停下来仔细看一眼吗？可以说很少。既然如此，更别说三四十岁的人了，他们的脑海里根本不存在点击广告这个词语，他们会说，我获取信息不需要这种形式，不需要商家推送给我，有好产品朋友会告诉我的。

同时，我们会发现：过去的消费购买模型是以产品为中心，而三四十岁的这些人的购买模型，则是以人为中心，人际链接、分享和口碑占的比重很大（见图1-2）。

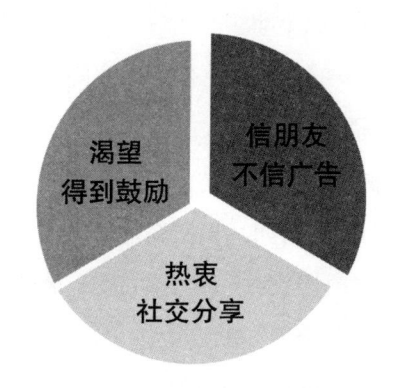

图1-2　年轻消费者的购买模型

在这当中我们会发现一个跟过去完全不同的商业逻辑，过去的零售都是等客上门，但是面对三四十岁人这群消费者，倘若仍然只是等客上门，结果会怎样？那些比我们更积极地推送、分享信息的商家，他们已经提前把你的客户挖走了。譬如，一个三四十岁的女人在路过一家服装店时可能会想："这家店铺还不错，换季时可以来逛逛。"但是她真的会来吗？这种可能性恐怕很小，因为在等待的过程中，在各类社交媒体上，有太多太多的信息砸向她，她的消费欲望随时可能被激发，等她再次路过时，她的钱已经花出去了。

所以，我们可以看到：年轻人的消费行为模型改变了，过去的营销手段、过去的商业逻辑就不那么管用了。

年轻人的消费行为还有一个显著的差别：从"交易实物"到"交易信息"的转变。以网购服装为例，他们在付款的时候拿到衣服了吗？交钱之前拿到实物了吗？并没有，三四十岁的人不再需要"眼见为实"，而是以图片为证。他们只要看到商品信息和图片，就可以下单。

有人说，六十岁的人和三十岁的人之间是有代沟的。在移动互联网时代，在消费领域，最大的代沟莫过于：中老年经营者还在埋头搞生产，制造库存的时候，三四十岁的人却仅仅因为一张图片就把钱花出去了。例如，我们经常可以在天猫、京东上看到一些产品的众筹或预售，这种方式可以让商家根据订单量来生产。这也是跟过去完全不同的商业逻辑：过去是先有产品，后有销售；现在则完全可以做到先销售，后有产品，零库存是可以实现的。这也是中老年经营者转变不过来的一个逻辑，他们想不通：没有产品怎么做生意呢？在他们被大量的库存积压狠狠拖累时，新一代的经营者却已经完美地实现了轻装上阵。

我们不难得出结论：倘若传统经营者不去理解年青一代的消费模型，商业逻辑不转变，那应该如何参与到新的竞争中去？

▶ 零售业的发展意义

零售业对于社会和经济的意义不可忽视，是一个重要的经济领域，拥有庞大的产业链，涉及生产、流通、销售等多个环节，为经济发展提供了重要支撑。零售业的发展不仅可以促进商品和服务的生产和流通，还可以创造就业机会，提高人民生活水平，促进经济增长和社会稳定。

零售业还可以促进城市化和现代化进程，尤其当今城市化和现代化进程不断推进，人们对于消费品和服务的需求也越来越高，零售业通过不断创新和发展，为城市化和现代化进程提供了重要的支撑和动力，无论是大型商场还是小型便利店，都可以为城市居民提供更加便捷和多样化的消费选择。

零售业变革正在全世界范围内广泛发生，我国已经成为全球零售业变革的"主战场"之一。尤其是改革开放以来，我国零售业走过了从模仿到追赶再到以"新零售"模式引领零售业发展的历程。在零售大变革时代，在"新零售"大旗的号召下，很多人对"新零售"趋之若鹜，有多少从未从事过零售行业的投资者纷至沓来，前仆后继地投入"新零售"的滚滚洪流之中。这种无畏的精神不得不让人肃然起敬。

随着社会和经济的不断发展，零售业还将不断创新和发展，为人们的生活和经济发展带来更多的机遇和挑战，未来的零售市场将属于那些专心经营、高效管理的零售企业，也属于那些懂零售、懂管理的零售行业从业者。所以，要想将我国零售做大做强，就要回归零售本质，建立零售管理思维。

▶ 零售业的发展前景和趋势

许多零售行业从业者非常喜欢追逐"新零售""网络营销""全渠道"等时下流行的新概念，而且每一次新概念名词的出现都将助推一波学习零售的新浪潮，但是"追星式"的学习容易让我们失去理智和判断力，同时也未必能为我们在零售实践中带来多少优势。想要掌握零售的发展规律，必须先了解零售的本质。

零售在本质上是一个多产品的生产过程，其产品包括商品本身以及附着在商品销售过程中的各种服务。零售业的发展其实是各种服务组合的演化，而不同零售业态的差异本质上就是各种服务组合的差别。目前，零售业态正在趋向多元化，不同的服务组合将在未来展开激烈竞争，基于此，经营者一方面要跟上零售变革的步伐以免被行业所淘汰，另一方面要求经营者对零售有高度的理解和认识，以便在面对各种变革时能够做出正确的预判，及时合理地做出相应的战略决策。

中国商业联合会在《2020—2021年中国零售业年度报告》中指出：中国零售业的发展势头越来越强劲，在经济体系中扮演的角色也越来越重要。中国零售业在面临更多机遇的同时，也面临着来自更多方面的挑战。零售店主必须在深入掌握本业态零售管理规律的同时，认清零售业发展方向，并善于利用各种相关资源壮大零售企业的实力。

未来几年，我国零售业在规模不断扩大的同时，还将呈现出以下几个发展趋势。

一、单体规模将不断扩大

据预测,未来5~10年,我国零售市场中,15%的市场份额将由中小超市占领,大卖场的市场份额约为10%,百货店业态将占10%,其他各种零售业态单体可能不会超过10%的市场份额。

零售业态间的竞争更加激烈。大型综合超市和仓储式商品迎合人们"一站式"的购物需求,且又以产品丰富、价格低廉的优势拥有很强的竞争力,将成为各企业竞争的焦点。百货店将向细分化、个性化发展,传统百货店市场份额将逐渐萎缩,购物中心将在未来几年内有较大发展。

新兴零售业促进了现代物流的发展。近年来,国内零售业不断发展、整合,大大提高了集中化程度,促进了现代物流的快速发展,企业内部的物流水平也得到了相应提高。

二、"规范化"是主要趋势

第一,我国传统百货店将会从两个方面发生变化。一方面,百货店原有的中低档商品和五金家电等商品会分流出去,让位给超市和专业店,而百货店中高毛利、低周转的商品比重增加并提高服务,有利于走上规范化的道路。另一方面,部分百货店仍以大众消费需求为目标市场,以此改变自身业态,向大型综合超市转变。从我国现阶段百货店整体发展来看,百货店业稳定中将有所下降,并逐渐地达到数量上的平衡。

第二,超级市场是我国零售业中的主力军。随着我国城市化进程的加快，城市人口迅速增加，大型综合超市会有更为广阔的发展空间。一部分食品超市也将会发展成大型综合超市，成为中国零售业中的主导业态。

第三，由于目前我国缺乏便利店所需要的强大消费层的支持，以及生产力发展水平的限制，国内本土化便利店的大规模发展尚需一定时日。但随着我国经济的不断发展，人们的生活节奏加快及国外大型配送企业的进入，便利店这一业态在相当长时期内仍将有很大发展。

第四，"专业店"尤其是"专卖店"在我国会有长足发展，它们会在商品的品牌、经营方式、规范服务等方面形成自身的风格。其中部分精品、名品店将进入大型百货店内设址，专卖店将进一步向个性化、民族化方向发展。以连锁的形式开设的专业店和专卖店，在商业街、商业中心地区及大型商业设施和百货店中，也都会有大的发展机会。

今后一段时期内，我国零售业态的竞争将更加激烈。我国零售业将会对同时登场的国外各种零售业态逐步认识和理解，并结合我国国情，使这些国外零售业态完成本土化的进程，同时还将会有创新型的零售业态不断进入。当然，越具有技术创新优势的零售业态，越有可能成长为主导业态。

三、连锁商店将在某些"业态"中居支配地位，并发展出各种零售业态

我国的连锁业还刚刚起步，比重极小，存在着很大的发展空间。连锁业将很快发展到各种零售业态上，连锁经营的百货

商店、便利店、专业商店、仓储商场会成为连锁业中的强大力量。

随着连锁经营的扩张,今后在城市零售业的发展中,除了增加网点外,各种传统商店将不断改变业态,变更所有者,重新组合。零售商业企业必将逐步摆脱地域概念,扩大规模,提高集中程度,出现一批跨省市的大型连锁商业企业集团。

四、业态更加趋于多样化

百货商店、超级市场、连锁商店、仓储商场等业态,是20世纪商业业态的成功典范,满足了人们对物质、文化、生活的需要。进入21世纪,以电子化、网络化、国际化、休闲化为基础,能体现全功能、快节奏、高效率、低费用、新潮流等特点的新兴业态也将成为主流。新兴业态层出不穷,既有集购买、旅游、消遣、工作于一体的"新型商业",也有方便购买、快速购买的"无重复商店",更有通过电子网络实现交易的"全功能超级市场"。

大话商业模式

在人类历史发展过程中,自从有了市场交易就有了商业模式,但我们是从20世纪90年代中后期才对商业模式这一概念有广泛的认知,它源于互联网商业在全球范围内的兴起和蓬勃发展。

时至今日,关于商业模式的讨论异常火热。经常听到有人问:"你们的商业模式是什么?""你们的商业模式有什么不同?"那么,究竟什么是商业模式呢?

▶ 商业模式的定义

对商业模式这一概念较为专业的解释来自MBA智库:商业模式指为实现客户价值最大化,把能使企业运行的内外各要素整合起来,形成一个完整的、高效率的、具有独特核心竞争力的运行系统,并通过最优实现形式来满足客户需求、实现客户价值,同时使系统达成持续盈利目标的整体解决方案。

商业模式是关系到一个企业生死存亡的大事。一个企业要想成功,就必须从建立一个成功的商业模式开始。成熟企业如此、初创企业亦如此,处于发展期的企业更是如此。

透过现象看本质,其实不论我们如何对商业模式的概念进行解释和说明都掩盖不了商业模式的一个核心本质——商业模式就是一门关于如何为企业赚钱的学问,其实质是一套为企业创造价值的核心逻辑,该价值的内涵不仅包括企业所创造出的利润,还包括企业为客户、员工、合作伙伴、股东提供的价值,在此基础上所形成的企业核心竞争力与持续发展力。

正因为价值是商业模式的核心逻辑,因此,对商业模式进行剖析必然要从价值视角展开。

图2-1 商业模式的价值链闭环

从图2-1可以看出,商业模式就是描述企业如何创造价值、传递价值和获取价值的过程,三种价值缺一不可,少了其中任何一个都不能构成一个完整的商业模式价值链闭环。

1.创造价值——基于客户需求,提供完善的解决方案

无论商业模式体系框架是简单或是复杂,有一个问题必须能准确而清晰地回答，那就是该商业模式运行后能为企业带来多少价值。

在日益激烈的市场竞争中，企业要想生存和发展，就必须不断实现价值创造。企业的价值创造不仅涉及产品和服务的质量，还包括企业文化、市场营销、人才开发问题等多个方面，这需要企业具备创新能力和市场洞察力，能够准确把握客户需求和市场趋势，为客户提供创新的产品和服务并实现营销、销售和服务的有效整合。

2.传递价值——通过资源配置和活动安排来交付价值

传递价值指企业借助产品、团队、企业文化等通过定位、渠道（资源配置、活动安排）将企业价值触达客户，让客户知晓、感受、使用产品或服务的过程。

3.获取价值——通过一定的盈利模式不断获取利润

作为一个商业组织，企业必须考虑如何优化成本结构、如何定价、如何持续获取利润等问题，也就是说如何通过一定的盈利模式持续地获取价值。

商业模式对企业的重要性不言而喻，没有一个合理的商业模式，不管企业名气多大、资产多大，终将走向衰亡。商业模式不仅是一个企业立足生存、持续发展的关键，而且是企业获得利润回报的基础。

iPhone商业模式的创新给整个手机产业带来了一场颠覆性的革命；Uber引领的共享经济商业模式同样给全球的出行市场带来了一场革新。再看互联网巨头之一的腾讯，腾讯早在

2013—2014年就主动调整了商业模式，由过去封闭的、所有业务都在体系内且触及多个领域的商业模式转换为开放的、以用户资源为核心且与外部开展多种业务合作的商业模式，此后，腾讯的发展进入了一个更广阔的赛道。

商业模式需要不断创新，以适应市场和客户需求的变化。创新可以是产品创新、技术创新、营销创新等，它能够为企业带来新的市场机遇和增长点。企业需要根据自身的资源和能力，制定符合市场需求和客户需求的战略，并落实到具体的行动中去，以实现商业目标。

▶ 成功商业模式的基本特征

拥有了成功的商业模式，企业的发展就有了保障。一种成功的商业模式具有哪些特点呢？经过分析和归纳大量成功企业的商业模式发现，大多数成功的商业模式具有以下五个基本特征。

1.定位要准

对于企业而言，定位是商业模式的起点。定位关系到企业应该做什么，它决定了企业应该提供什么特征的产品和服务来实现客户的价值。定位是企业战略选择的结果，也是商业模式体系中其他有机部分的起点。

对于客户而言，定位是基于企业对用户需求的洞察，明确产品满足哪个用户群体、满足何种需求并为其提供功能或情感利益点的过程。成功的商业模式要清楚地定义其目标客户，再通过对行业环境的梳理制定企业产品发展战略，规划产品或服务，进而提供消费者最需要的、最有价值的、顾客最愿意付费的商品。

2.目标市场要大

目标市场指企业通过营销方式吸引来的客户群并向他们出售产品或服务。寻找一个快速的、大规模的、持续增长的市场是确定优秀市场定位的关键标准。

3.盈利模式要好

盈利模式是企业或个人在市场竞争中逐步形成的企业特有的赖以盈利的商务结构及其对应的业务结构，是企业的一种获利方式，因而企业一定要有良好的多元化模式来盈利。确定有效的盈利模式需要考虑目标客户、市场需求、竞争环境、成本结构和收益模式等因素。

4.难以模仿

成功的商业模式必须是难以模仿的，一个易被他人模仿的商业模式，即使其再独特、再全面，也难以维系。成功的商业模式一定要与自身独有的优势紧密结合，为客户群提供独特的价值以提高行业的进入门槛，从而保证利润来源不受侵犯。难以模仿的商业模式首先意味着企业的经营模式是可持续的，创业者至少可以通过有效的手段在一定时间内维持企业的成长速度，而不至于过早地陷入行业竞争的漩涡。

5.风险要低

商业模式的设计一定要综合评估可能面临的各种风险。成功的商业模式应当具有发展成为行业领先者的最大可能性，而不是在一开始发展时就受制于人。评估风险的最终目标是要识别出所有可能的风险并制定应对策略，使得风险可控和被管理。

扩展链接

新零售时代的商业模式演进

到底什么是新零售？业界对此看法不一，但大家有个共识就是线上线下融合发展将是新零售时代的新常态。虽然新零售发展仍处在"摸石头过河"阶段，但可以肯定的是，新零售与供给侧改革、虚实结合以及消费升级等大背景密切相关。现我们将新零售时代的初高级商业模式做一个初步总结并分享给大家。

一、新零售时代的初级商业模式

线下实体店的内在变革是新零售的第一个层面，下面我们来说三个典型案例。

1.跨界运营

在全世界零售中，跨界模式可谓现在的风潮之一，该风潮早在新零售概念提出之前就已经存在。比如永辉超市在新时代潮流的追赶下结合时代新特点提出了"超级物种"盈利模式，它在超市卖场中加入了餐饮元素，消费者在超市逛累了便可以吃美食，吃完了再接着逛，以实现餐饮与零售并进。

2.工匠精神

日本的7-Eleven便利店在全世界约有6万家店铺，日均销售额非常可观，更令人吃惊的是，7-Eleven的人均效益接近120万，可与阿里巴巴比肩，称得上线下零售行业中的标杆。那么，7-Eleven是如何做到这一切的呢？

简单地说，7-Eleven实际上是将上、下游的碎片化资产进行对接，通过其自有的大数据分析系统，将每个店所在地区和商圈的顾客需求进行细分，据此进行个性化供需配对和推荐，这实际上是线下的数字化零售模式。通过极致的资源整合能力和对客户体验的高度重视，7-Eleven不但没有在线上零售大行其道的今天被打倒，反而更加强大，这就是工匠精神商业模式的价值之所在。秉持工匠精神商业模式的日系零售企业有很多，比如无印良品，它虽然坚持极简的品牌风格，但不管是从运营到陈列，还是从设计到销售，各个环节都追求极致，非常值得我们学习。

3.模式变革

开市客（Costco）公司可算是零售领域的异类，因为它颠覆了传统的零售模式，形成了一种极具生命力的全新销售模式。我们知道传统商超往往是以赚取商品进销差价来盈利，而Costco则把传统的零售经销商角色转变成商品中介的角色，尽可能不赚取商品差价，如果能覆盖成本，1元钱的商品1.1元就可以卖，有时甚至是零利润。这种商业模式对于传统的商超而言是不可想象的，他们究竟靠什么赚钱呢？主要有两点：一是靠收取会员费；二是靠定制商品（自有品牌商品）。

Costco严选商品品类，商品的价格低、品质好，且价格远低于一般的商超，所以，消费者愿意支付会员费成为Costco的会员。

二、新零售时代的中高级商业模式

新零售时代的高级商业模式主要体现在线上与线下的融合，当然还有一些中级商业模式是由初级商业模式发展而来的，比如多品类经营。

1.多品类经营

小米是新零售时代中级商业模式的典范，其线上线下导流、多品类经营的商业模式成为众多零售企业学习的榜样。

为了实现多品类经营，小米坚持不断进行产品研发并投资了大量生态链公司，把小米的产品品类做到相当规模。小米通过线上影响力把线上流量以及大型商超的流量导入线下门店中，门店以多品类的小米系列产品吸引消费者，消费者在增强用户体验的同时还能够购买不同品类的小米产品，从而增加小米的销量，达到了多品类销售的目标，并且带来了新的线下用户。

2.概念延伸

三只松鼠是一个以互联网为基础的食品品牌，该品牌是从淘宝平台火起来的，2016年"双十一"，三只松鼠取得了淘宝食品类第一、全品类第七的好成绩，要知道每单价格并不算高的坚果类产品，其销售额超过每单相对较高的家电类产品，那么，其产品在销量上已经达到一个非常夸张的数据。

三只松鼠的商业模式就是从零售起步，然后利用其自带IP的品牌知名度带动如抱枕、玩偶等附加产品。不仅如此，三只松鼠还拍起了动画片和电影。如果说线下零食店、拍动画片和电影等还只是单点布局,那么三只松鼠正在筹划的松鼠城则承载着该公司的商业梦想。松鼠城是一个以松鼠IP为核心的新型商业业态,介于商业综合体、主题公园之间,是一个开放的城市公园。

三只松鼠将线上流量引入线下,并将概念延伸到除了坚果之外的其他萌系产品并拓展了品牌的IP,这种经营策略将会被更多新零售企业所借鉴。

▶ 商业模式的模型构成

商业模式分为很多种类型,不同的商业模式适合的企业以及客户也不同。如果企业能够选择适合的商业模式,那么在发展过程中就能够大大减少经营成本和营销成本,从而获得更多的营销利润。要想更深入地了解商业模式,我们还要了解一下商业模式的构成模型。

我们由简入繁地将商业模式的构成模型拆分成五种:二要素模型、三要素模型、四要素模型、六要素模型和九要素模型,以下逐一进行说明。

一、商业模式二要素模型

二要素模型是一种对商业模式的最基本解释,即我们如果创造了一种交易模式,我们便要重点说明如何通过该种商业模式让顾客获得价值，与此同时确保企业价值的获得。二要素商业模型是商业模式最朴素、最简单的说明（见图2-2）。

图2-2 商业模式二要素模型

二、商业模式三要素模型

商业模式三要素模型要研究三个问题。

1.你为什么人提供什么价值（客户价值）

当今企业面对的是一个买方市场，面对的是一个技术日新月异、产品更新频繁、消费者需求偏好多变的超竞争环境，企业的竞争优势快速被创造而后又被快速侵蚀。企业如何获得竞争优势，如何解决企业面临的困境，需要我们回归营销本质——为客户创造价值的轨道上来，这绝不是一句简单的口号，需要从事营销工作的人们进行深刻反思。

现代市场营销的过程强调以客户为中心，然后围绕这个中心明确客户的需求，整合企业资源为客户创造价值。为客户创造价值是企业经营的出发点和归宿，因而，深入认识什么是客户价值、什么是客户价值的构成因素、为客户创造价值的途径是什么、如何对客户价值进行管理是企业制定营销策略的基础、创造竞争优势的前提。

客户价值由产品价值、服务价值、人员价值、形象价值等要素构成，指产品或服务向客户提供的效用（效用是用来衡量消费者从一组商品和服务之中获得的幸福或者满足的尺度）多少以及客户从中感受到的满足程度，而客户满意度则是客户价值的集中反映。客户认为某些产品有价值是因为他们所选产品的效用和服务能达到或超过他们的预期目的。优异的客户价值能够在客户心中造就与众不同的驱动力，使客户成为忠诚客户、终身客户。

2.为什么是你（资源能力）

这个问题需要回答的是顾客选择某个企业、某种商品或某种服务的原因。影响顾客选择的因素有很多，顾客选择谁总会有背后的理由。这个理由可能是基于品牌、基于产品、基于技术、基于企业实力、基于服务能力，当然也可能是基于其他因素，但无论是基于哪种因素，这些因素都值得格外重视，因为这正是一家企业价值系统的体现。

3.你的利润从哪里来（盈利方式）

对于企业来说，赚钱不但是能力还是实力，企业要利润，赚钱是本分，但钱、利润到底从哪里来呢？如果能够回答好上面所提及的你为什么人提供什么价值和为什么是你这两个问题，那么关于你赚得的利润从哪里来这个问题就迎刃而解了。

企业利润指企业在一定时期内生产经营的财务成果，企业的利润来源主要有营业利润、投资利润、营业外利润。很多人往往将商业模式等同于盈利模式，但由图2-3可以看出，盈利模式只是商业模式的一部分内容，更重要的反而是客户价值与资源能力两个要素。

01 第一个问题	02 第二个问题	03 第三个问题
你为什么人提供什么价值？	为什么是你？	你的利润从哪里来？
客户价值	资源能力	盈利方式

图2-3　商业模式三要素模型

三、商业模式四要素模型

商业模式四要素模型是由商业模式三要素模式发展而来，它需要回答四个问题。

1.你的客户是谁？

2.你为客户提供什么价值？

3.你是怎么盈利的？

4.你的核心竞争力是什么？

相对应的四个要素就是：顾客、价值提供、盈利方式、战略资源。

从表面上看，四要素模式只是把三要素模型里的客户价值（你为什么人提供什么价值）分别拆成了客户（顾客）和价值

（价值提供），但是四要素模型真正的创新之处在于它提出了一个总价值创造的概念。什么叫总价值创造？就是你不应该只关注你的客户，你还应该关注你的供应商、渠道以及门店等，你必须把所有的利益相关者关联在一起，利益相关者创造的价值加在一起就是总价值创造，或者称之为全局性增量。

比如，一个通过分销方式销售服装的企业，在进行商业模式创造时，企业必须考虑如何既能让自己的产品在市场受到欢迎和追捧，同时又让自己的分销商（合作伙伴）也能销售更多的产品，以使企业获得更多的价值回报（见图2-4）。

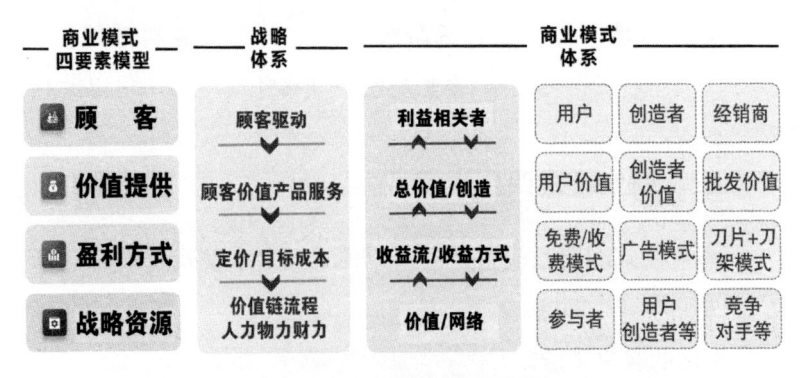

商业模式四要素模型	战略体系	商业模式体系		
顾客	顾客驱动	利益相关者	用户	创造者	经销商
价值提供	顾客价值产品服务	总价值/创造	用户价值	创造者价值	批发价值
盈利方式	定价/目标成本	收益流/收益方式	免费/收费模式	广告模式	刀片+刀架模式
战略资源	价值链流程 人力物力财力	价值/网络	参与者	用户创造者等	竞争对手等

图2-4　商业模式四要素模型

四、商业模式六要素模型

商业模式六要素模型是由北京大学汇丰商学院魏炜教授提出的，他认为商业模式就是利益相关者的交易结构，一切商业模式的最终目标都是实现企业价值。而要实现企业价值就必须关注以下六个要素。

1. 商业模式定位

所有商业模式首先要解决的问题就是定位，一个企业要想在市场中赢得胜利，首先必须明确自身的定位。定位就是企业应该做什么，它决定了企业应该提供什么样的产品和服务来实现客户的价值。定位是企业战略选择的结果，也是商业模式体系中其他有机部分的起点。

2. 业务系统

定位问题只决定了企业是否有赚钱的可能，那么企业究竟能不能赚到钱，很重要的一点就是看企业有没有一个强大的业务系统，业务系统是企业商业模式的核心。业务系统指企业为达成定位所需要的业务环节、各个合作伙伴扮演的角色以及利益相关者合作与交易的方式和内容。

3. 盈利模式

盈利模式指企业如何获得收入、分配成本、赚取利润。是在给定业务系统中各价值链所有权和价值链结构已确定的前提下，企业利益相关者之间利益分配格局中企业利益的表现。

4. 现金流结构

通过分析企业的现金流结构可以知道企业到底能赚多少钱。不同的现金流结构反映企业在定位、业务系统、关键资源能力以及盈利模式等方面的差异，体现企业商业模式的不同特征，并影响企业成长速度的快慢，决定企业投资价值的高低、企业投资价值递增速度以及受资本市场青睐程度。

所以，要想提升企业的价值，一个很重要的方法就是改变企业的现金流结构，这是商业模式创新很重要的一环。

5.关键资源能力

关键资源能力是业务系统运转所需要的重要资源和能力，它包括技术专长、品牌声誉、供应链管理和人力资源等，这些资源使企业能够提供独特的产品和服务，只有建立起无法被超越和替代的独特能力，企业才能持续赚钱。

6.企业价值

一方面，企业价值为企业的投资价值，是企业预期未来可以产生的自由现金流的贴现值，是评判企业商业模式优劣的标准。显然，企业的价值越高，企业给予其利益相关者的回报能力就越高，这个价值是可以通过经济定义加以计算的。另一方面，企业价值还包括无形资产价值，由于企业商誉的存在，通常企业的实际市场价值远远超过账面资产的价值（见图2-5）。

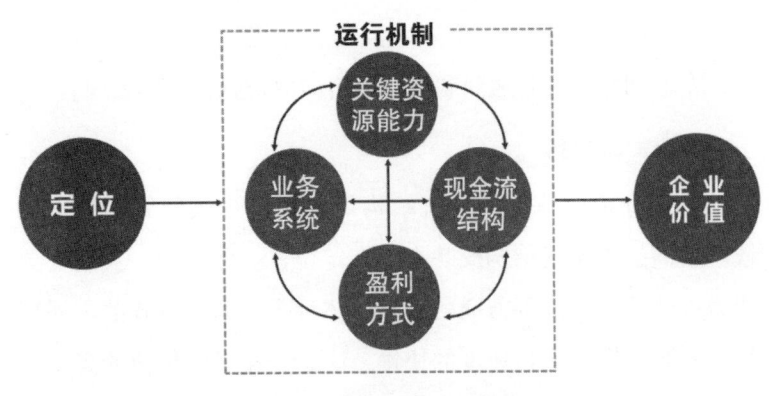

图2-5 商业模式六要素模型

五、商业模式九要素模型

商业模式九要素模型是亚历山大·奥斯特瓦德（Alexander Osterwalder）、伊夫·皮尼厄（Yves Pigneur）在他们的《商业模式新生代》一书中提出的模型。九要素模型需要回答九个方面的问题。

1.你的客户是谁？是如何细分的（客户细分）

一切业务的发生都是为了更好地满足特定客户的需要，企业要尽可能地找出那些具有共同需求、共同行为和其他共同属性的人群，再把他们分别描述。

你打算为谁提供产品和服务以及谁是你们最重要的客户是进行客户细分时必须考虑的两个问题。

企业不是政府，不可能满足客户的所有需求。但企业作为社会的职能部门肯定要满足客户的某一部分需求，所以我们一定要想清楚：你的客户是谁？是如何细分的？

2.你为这些客户提供什么价值（价值主张）

价值主张指对客户真实需求的深入描述，价值主张往往也是打动客户接受产品的关键点，供应商常用罗列全部优点、宣传利差、突出共鸣点三种方法来制定价值主张。价值主张一定不是产品本身，甚至也不是产品的功能，而是产品背后的某种价值，也就是我们常说的核心卖点。

3.你通过什么渠道能找到这些客户（渠道通路）

渠道通路指商品或服务从生产者转移到经销商、再由经销商转移到消费者的过程。渠道通路的任务就是在适当的时间把适当的产品送到适当的销售点以利于消费者购买。渠道通路主要用来说明企业是如何与客户沟通、接触进而传递其价值主张的。

4.你和客户关系是怎样的（客户关系）

客户关系用来描述公司与特定客户群体建立的关系类型。虽说顾客是上帝，但对于不同企业而言，企业和客户之间的关系定位还是有区别的。比如，便利店应该与顾客构建起一个贴心、友好的亲密型顾客关系；手机、电脑等高科技产品专卖店应与顾客构建起一个专业、靠谱的顾问型顾客关系。

客户关系要素需要说明的问题有：每个细分群体客户希望与企业建立和保持何种关系？哪些关系已经建立？建立和维持这些关系成本如何？如何把它们与商业模式的其余部分进行整合？

5.你有多少种让客户付钱的方式（收入来源）

企业传递了价值之后肯定要回收、获取一定的价值，价值说白了就是收入，不同的企业有不同的收入来源，有些是单一的收入，有些则是多方面的收入。

收入来源用来描述公司从每个客户群体中获取的收入回报。收入来源要素需要说明的问题有：什么样的价值能让客户愿意付费？他们付费买什么？他们是如何支付费用的？他们更愿意如何支付费用？每个收入来源占总收入的比例是多少？

作为企业需要想清楚，企业的哪些产品和服务通过何种方式让消费者愿意付钱买单，这是很重要的问题。

共享单车的商业模式其实就没有很好地解决收入来源的问题，我们已知的共享单车的收入来源有：第一种是消费者扫码付费；第二种是利用App的广告销售获取收入；第三种是在单车上面贴广告获取收入。但是这几种收入来源远远承担不了其运营成本，这也正是很多共享单车企业倒下的原因。

6.你的核心资源是什么（核心资源）

当今社会竞争非常激烈，企业如何能够持续不断地赚钱是企业的核心竞争力所在。核心资源要说明的就是我们的企业跟竞争对手相比有什么更为优越的地方？这是企业能够不断生存的立根之本。

核心资源可以是企业的品牌知名度，也可以是极致的服务能力，更可以是创新研发能力，等等。海底捞和胖东来都是依靠细致周到、关怀备至的顾客服务能力脱颖而出的；华为之所以面对极其苛刻的制裁和打压仍屹立不倒，更是凭借其深厚的技术储备和卓越的研发创新能力。

核心资源指商业模式有效运转所必需的最重要因素。核心资源要素需要说明的问题有：我们的价值主张需要哪些核心资源？我们的渠道通路需要哪些核心资源？我们的客户关系需要哪些核心资源？我们的收入来源需要哪些核心资源？

7.你通过什么关键业务给客户提供价值（关键业务）

关键业务要素用来描述为了确保企业商业模式的可行性，帮助企业实现生存与发展，企业必须做的且最为重要的工作。

既然是最重要的工作，就必然要投入一定的精力。关键业务要素要说明的问题有：企业的价值主张需要哪些关键业务？企业的渠道通路需要哪些关键业务？企业的客户关系需要哪些关键业务？企业的来源需要哪些关键业务？

关键业务并不是一成不变的，随着企业的不断发展，关键业务有可能会随之发生改变。比如企业最初的关键业务是产品研发，但在企业发展到一定阶段后，产品相对成熟稳定，这时渠道拓展成为其关键业务。

8.你的合作伙伴都有谁（合作伙伴）

一个企业要想满足消费者的某部分需求，很多时候需要与别人进行合作，那么合作的对象就是企业的合作伙伴。当二者或多者发展成为合作伙伴关系之后，参与的各方在某种程度上成为一个共同体，这有利于参与方的共同合作和共同发展，形成良好的合作关系，起到"1+1>2"的良好效果，最终达到互利共赢的结果。

合作伙伴要素是用来描述让商业模式有效运作所需的供应商与合作伙伴的网络。合作伙伴要素要说明的问题有：谁是我们的重要伙伴？谁是我们的重要供应商？从合作伙伴那里获取了哪些核心资源？合作伙伴都执行了哪些关键任务？

9.你的成本结构是什么（成本结构）

成本结构指企业生产或提供服务所需的各项成本在总成本中的占比和分布情况。它包括直接成本、间接成本和固定成本等多个方面，其中直接成本是与产品或服务直接相关的成本，如材料、人工、能源等；间接成本是与生产或服务不直接相关但必须支出的成本，如管理费用、销售费用等；固定成本则是不随着产量或销售量的变化而变化的成本，如租金、折旧、利息等。

成本结构要素需要说明的问题有：什么是企业商业模式中最重要的固有成本？哪些核心资源花费最多？哪些关键业务花费最多？对企业而言，需要花钱的地方都是企业的成本，因此企业要实现良性循环，需要有完善良好的成本结构。

商业模式九要素模型是目前描述商业模式最全面、最完整的模型，商业模式九要素涵盖了企业的四个主要方面，即客户、产品、资源和钱（财务能力）。这也是一个完整的商业模式设计需要重点考虑的（见图2-6）。

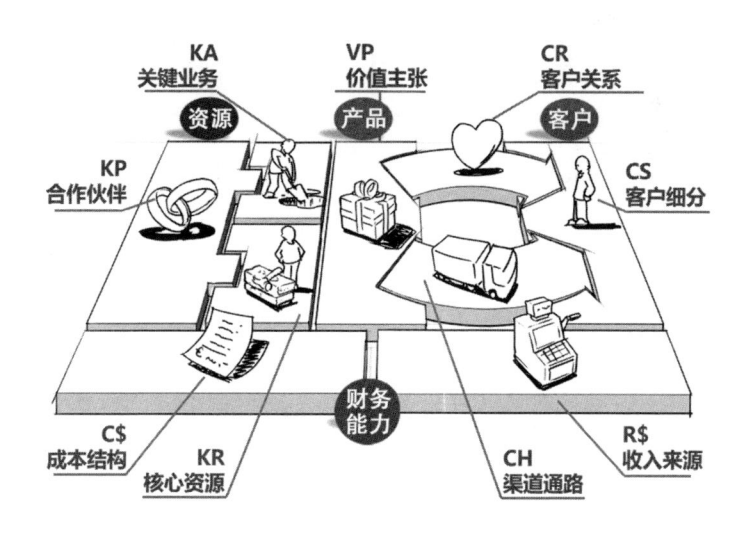

图2-6 商业模式九要素模型

▶ 商业模式设计

对企业来说，商业模式设计应该是一个持续的工作而不能只是一个静态的结果。设计商业模式更不能只靠灵光乍现的一两个点子，而是需要根据企业自身的情况反复打磨并不断修改完善，最终才能构建一套真正属于本企业的商业模式。

当然，进行商业模式设计是有一定的方法和实现步骤的，目前普遍采用的是利用商业模式画布工具来进行商业模式设计。

商业模式画布（Business Model Canvas，BMC）是由瑞士的商业模式研究者亚历山大·奥斯特瓦德博士率先提出的。他把商业模式之于企业比喻为建筑师利用设计图指导建筑施工一样，企业家必须设计商业模式以指导企业的创立和盈利，经理人必须开发商业模式以帮助实现企业整个经营细节的可视化，基于此他提出了商业模式画布。借助商业模式画布仅需一页纸就可以完成商业模式的设计，得益于这种精简高效的设计模式，商业模式画布快速得到普及和推广，至今仍未过时（见图2-7）。

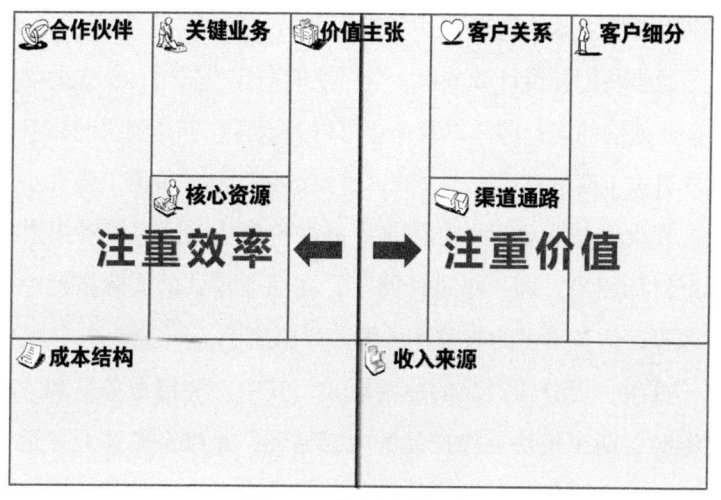

```
┌─────────────────────┬─────────────────────┐
│ 合作伙伴  关键业务  价值主张  客户关系  客户细分 │
│                     │                     │
│         核心资源    │    渠道通路         │
│      注重效率   ←   │  →   注重价值       │
│                     │                     │
│      成本结构       │    收入来源         │
└─────────────────────┴─────────────────────┘
```

图2-7　商业模式画布

商业模式画布包含九大模块：客户细分CS、价值主张VP、渠道通路CH、客户关系CR、收入来源RS、核心资源KR、关键业务KA、合作伙伴KP和成本结构CS。这九大模块覆盖了商业的四个视角：客户、产品或服务、基础设施及财务能力。

对整个商业模式画布来讲，以价值主张模块为分隔线，其左侧的四个模块更重视效率，其右侧的四个模块更重视价值。

商业模式画布可以帮助我们描述商业模式、评估商业模式和改善商业模式，并以一种极其简练的、可视化的方式将之表现出来。商业模式画布可以直观地揭示企业如何创造价值、传递价值和获取价值，将企业的业务逻辑直接展示出来，帮助人们更清晰地分析和了解与企业商业模式有关的业务逻辑。

越来越多的企业经营者开始将商业模式画布应用于催生创意、降低经营风险、精准定位目标用户、合理解决经营问题、正确审视企业现有业务模式和发现新的业务机会等方面。

通常我们在设计或分析一个企业的商业模式时，首先要确定该企业面向的客户群体以及企业可以为该客户群体解决的痛点，这就对应了商业模式画布中的"客户细分"和"价值主张"。

其次，企业要思考如何将产品的价值主张通过某种渠道传递至目标用户，即"渠道通路"，在商业模式的实际搭建中，还需要评估各渠道的有效性（投入产出比）。

再次，要分析产品的运营模式，其中"关键业务"和"核心资源"两个模块支撑产品的内部循环，是维系整体业务运作的基石。"合作伙伴"则是高效运营需要考虑的外部因素，在实际设计评估中，除了要关注具有合作关系的供应商、VIP客户、合资者以及战略联盟以外，还要密切关注竞品的动向。此外，我们应该对产品和服务不断地进行改进以维系"客户关系"，形成良好的互动关系。

最后，要确认产品的盈利模式，即进行"成本结构"和"收入来源"两个模块的规划设计。一个良好的商业模式，成本不应该长期大于收入，必要时企业可以通过"开源节流"以实现商业模式的良性运作（见图2-8）。

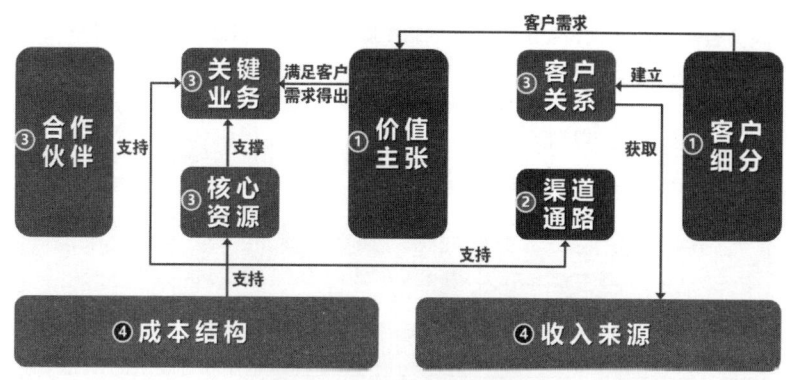

图2-8 商业模式设计步骤

按照上述顺序完成商业模式的规划设计，再借助商业模式画布工具将设计整理好的内容依次填入九个模块方格，这张图的完成意味着商业模式的设计完成，当商业模式设计完成并落地实施就意味着这家企业的商业模式正式诞生，此后，该商业模式就成了这家企业独有的血液，贯穿于企业的整个运营之中。

> 扩展链接

盒马鲜生商业模式剖析

2015年3月，作为阿里集团探索新零售商业模式的"先锋兵"盒马鲜生成立，后于2016年1月开始营业。截至2021年年底，盒马鲜生全国门店数量突破300家。现以盒马鲜生为例，看看如何以商业模式画布为工具对一家企业的商业模式进行分析（见图2-9）。

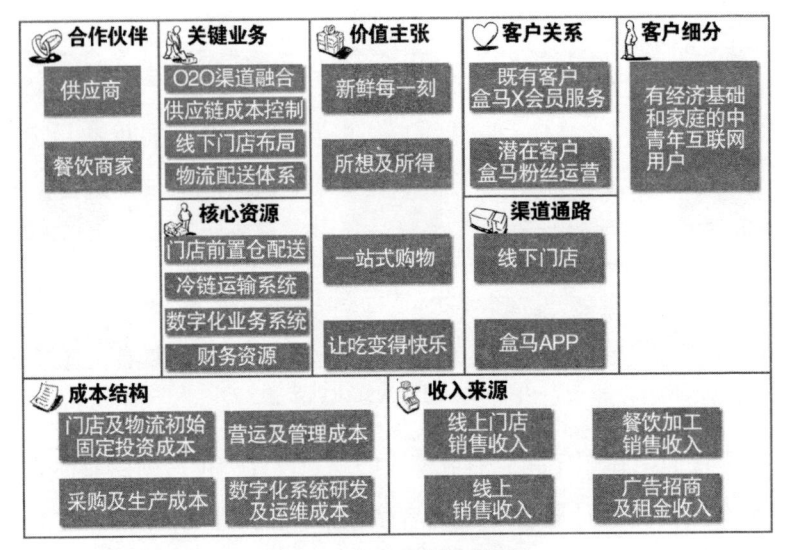

合作伙伴	关键业务	价值主张	客户关系	客户细分
供应商 餐饮商家	O2O渠道融合 供应链成本控制 线下门店布局 物流配送体系 **核心资源** 门店前置仓配送 冷链运输系统 数字化业务系统 财务资源	新鲜每一刻 所想及所得 一站式购物 让吃变得快乐	既有客户 盒马X会员服务 潜在客户 盒马粉丝运营 **渠道通路** 线下门店 盒马APP	有经济基础和家庭的中青年互联网用户

成本结构	收入来源
门店及物流初始固定投资成本　营运及管理成本 采购及生产成本　数字化系统研发及运维成本	线上门店销售收入　餐饮加工销售收入 线上销售收入　广告招商及租金收入

图2-9　盒马商业模式画布

1.客户群体

依托于强大的物流供应链技术及移动互联网，盒马鲜生致力于打造社区化一站式的新型零售购物体验服务中心。盒马鲜生的产品主打高端海鲜水产品，档次感较强，因而整个消费群体也偏向能熟练使用互联网购物的中高端消费人群，此类消费人群经济基础好、消费能力强，对产品价格属性的敏感度较弱，但对产品的服务质量、相关品质以及时间的敏感度要求较高。

2.价值主张

保证商品新鲜度。对于主打生鲜水产品的盒马鲜生来说，其产品的新鲜度直接影响到消费用户群体的核心消费体验，盒马的高效冷链技术与极速物流配送服务正迎合了消费群体对产品与服务品质的追求，完美保证了食材的新鲜度，真正做到

"即买即食"。

新零售业态的商超模式。为实现线上线下的高效衔接，盒马鲜生还着力打造了"一店、二仓、五中心"的运转体系，以线下盒马门店为中心，分隔出前端消费区与后端仓储配送区，门店复合承载餐饮中心、超市中心、物流中心、体验中心、粉丝运营中心五大中心功能区，通过多种零售业态有机结合，满足不同消费者之间的多样化、个性化需求，从而实现线上线下的闭环消费。

线上与线下相融合的配送服务。通过对创新型技术的运用，盒马鲜生拥有一套完整的运作体系，在移动互联网背景下，综合运用物联网技术，搭配高效运转的自动化冷链物流体系，在最大限度上保证了盒马鲜生所主打的生鲜水产品的高规格品质，同时基于盒马重金打造的"零售云""无人自动化技术"配送体系，盒马鲜生"3公里范围内半小时送达"的承诺得以完美落实，让消费者切实体会到了"生鲜商超+餐饮体验"及"生鲜配送+餐饮外卖"的快乐。

3.客户关系

盒马鲜生在客户关系的维系中推出了"X会员"计划，盒马X会员卡可享受盒马鲜生店与盒马X会员店的免费领菜、专享价、专享券等组合优惠，也包括享受会员日8.8折、购物返积分、零门槛免运费等八项权益。该计划不仅维系了盒马线下门店顾客，同时也兼顾了线上的App用户。

4.渠道通路

盒马鲜生目前采用的是线上线下双渠道模式。通过线下开设门店让消费者进店购物体验，提升消费信任度，大数据会精准计算出顾客到店频数、交易数据等，这样也为引流顾客线上购物、实现大数据O2O互联互通提供了可能。

5.重要伙伴

在国内原材料采购方面，盒马鲜生与大型蔬菜基地、牲畜养殖基地等进行合作，实现了直采直供到门店。对外，盒马鲜生采用源头直采的方式与澳大利亚、加拿大等海鲜供应商建立稳固的合作关系。与这些供应商合作让盒马鲜生能够在第一时间拿到优质货源，从而保障了盒马鲜生的新鲜与便捷。同时，盒马鲜生与餐饮商家合作，使得顾客既可以直接在餐厅点单，也可以在店内挑选好食材后在餐厅加工食用。

6.核心资源

财务资源。盒马鲜生作为阿里巴巴的孵化项目，由阿里巴巴集团直接投资，拥有强大的资金优势。

完善的冷链运输数据库物流体系。完善的冷链物流体系将生鲜损耗率控制到最低，以保证产品的新鲜度。

门店前置仓配送。盒马鲜生实行B2B2C前置店仓的模式，最大限度发挥了规模效应，降低了物流成本，同时又确保了配送的时效性与商品保质保鲜性。

门店智能调度。根据门店商品的货位和库存信息，将订单智能分派给不同区域、不同岗位店员，并根据手持PDA，实时回传更新。大量使用自动化悬挂系统，这既可以用于店内传输，同时也可以用于前店后仓的拣送合流。

智能配送算法。基于线路、时序、客户需求、温层、区块的智能履约集单算法可将订单串联起来，持续优化订单履约成本，并且生成最优的配送批次，实现多单配送。

全领域全流程数字化业务系统。作为零售行业数字化管理的标杆，盒马鲜生在业内率先实行了全领域、全业务流程的数字化管理，盒马所有的软硬件系统均为其自主研发，具有完全自主知识产权，盒马的成功离不开其数字化系统的支持。比如，盒马以大数据云计算技术资源为基础，建立数字化供应链系统，实现各网点数据互联互通。通过大数据倒推需求采购计划，实现数字化按需智能供货，订单反向驱动采购，在保证SKU（最小存货单位）的同时又不会造成过量采购带来的滞销。

7.关键业务

供应链成本控制管理、合理选择与布局线下门店、O2O全渠道高度融合、高效的物流配送系统。

8.成本结构

仓储物流和门店固定初始投资成本、商品采购及生产成本、门店日常营运及管理成本和数字化系统研发投入和日常运维成本。

9.收入来源

盒马的收入主要来源于线上线下销售收入、餐饮加工销售收入、对外招商招租的租金及广告收益等。

SPA模式解读

▶ SPA模式的定义

SPA模式最早是由美国服装巨头GAP公司在1986年的公司年度报告中为定义公司的新业务体制而提出的。SPA是 Specialty retailer of Private label Apparel 的简写，意为自有品牌专业零售商经营模式，简称SPA模式。

SPA模式是一种将企业在运营过程中全程参与的所有相关环节都整合起来的一体化商业模式。通过革新供货方法和供应链流程，实现对市场的快速反应，能够有效地将品牌企业的顾客和生产联系起来，以满足消费者的需求。它尽可能地减少中间环节，即缩短供应链长度，并致力于打破企业间的壁垒，建立战略伙伴合作关系。

服装SPA模式从品牌运作、商品企划到生产、零售均由公司统一控制和一体化运作，尽量减少各种中间环节，以节约时间和成本，体现"时尚、超值、多款"的营销理念。例如，阿仕顿男装采用以"快"取胜的SPA模式，一方面在统一的商品企划下采取集团订单生产，从而获得成本领先的优势，另一方面取消了代理制，通过信息化管理和直营管理的方式由总部直接配送到终端销售，没有任何中间环节，进而确保了商品价格的绝对优势。

作为一种国际化较为成功的品牌零售模式，SPA模式从提出至今，早已得到了市场的验证和肯定。目前，众多全球领先的服装企业基本上都不约而同地采用了SPA模式，SPA模式已经使日本的无印良品、瑞典的H&M、意大利的BENETTON、西班牙的ZARA等众多知名品牌获得成功，这些优秀的成功企业进入中国市场，为我们带来了先进的管理理念和创新的经营模式，进而推动了国内品牌零售企业向SPA模式转化的热潮，出现了如小米、名创优品、热风等一大批通过运用SPA模式而取得突出业绩的国内优秀品牌企业。

以前，品牌零售企业往往只负责零售，不负责制造，但一个品牌零售企业如果既制造又有品牌营销能力和零售销售能力，那么在面临激烈的市场竞争时将具备非常大的竞争优势。最初的SPA模式主要盛行于服装行业，但现如今，SPA模式已经覆盖越来越多的行业。

▶ SPA模式的应用条件

品牌并非一定要达到强势的影响力才能选择自有品牌零售

商模式。但是自有品牌零售企业必须具备较强的商品能力和零售运营能力，必须对消费者的需求有敏感的挖掘能力。

SPA模式具有如下特征。

第一，拥有大量的零售直营店，直接掌握消费者信息。

第二，简化供应链环节，大幅度压缩物流费用和时间成本。

第三，最大限度降低需求预测的风险，实现快速供货反应。

第四，庞大的设计策划团队，独特、新颖的商品策划。

第五，快速实现资金回笼。

想要采用SPA模式的企业应具备以下两个重要条件。

首先，只有自有品牌零售企业才能采用SPA经营模式。

这是重要的前提条件，SPA模式的适用对象为自有品牌零售企业，因为只有自有品牌零售企业才能完全掌控从商品策划、生产制作到终端零售的一整条供应链的所有环节，只有完全掌控供应链所有环节，才能获得市场的话语权和主导权。

其次，要有一定规模的线下零售终端。

从价值链角度来看，SPA模式的基本驱动力来自零售终端获得的销售收入，不仅如此，品牌企业的零售终端还可以直接面向消费者并收集到消费者的需求信息，从而使得品牌企业可以通过对消费者的需求分析来及时进行业务调整，这也在一定程度上决定了企业对供应链上游资源的掌控力度和掌控模式。所以，拥有一定规模的线下零售终端对品牌企业推行SPA模式非常关键。

另外，品牌企业至少要有几家比较大型的零售终端门店，因为只有大店模式才能使品牌企业形成广告效应，快速建立品牌知名度。大店模式也有利于形成品牌企业对商品的快速响应能力，构建更健全的物流体系。大店不仅销售额更多，竞争力和生命力也更强，对企业的品牌建设和影响力的贡献是小店铺无法比拟的。

但值得注意的是，SPA模式作为一种新型的企业经营模式，其难点在于供应链各个环节的管理，合理控制物流、资金流和信息流，避免盲目扩张。

▶ SPA模式的四个重要业务体系

一、生产体系

SPA模式是一种从商品策划、生产到零售一体化控制的销售形式，因此，SPA模式的生产体系包括从原料采购到制成产品的整个生产过程，以及与之相关的作业内容和管理环节。

生产体系是SPA模业首先需要掌控的一个重要的作业体系。一直以来，零售企业的主要经营风险来自大量的库存积压，而库存积压的主要因素就是无法有效把控流行趋势对品牌产品的销售影响。虽然企业可以通过加强市场分析来尽可能降低由于市场预判失误所导致的库存积压风险，但却有可能会带来生产响应不足的风险，因为生产体系需要一定的响应时间。所以，只有完全掌控生产体系，才能将生产体系的响应时间压缩至最短。

二、零售体系

SPA模式下的零售体系指通过构筑相当规模的线下连锁零售终端渠道，并配以先进的业务管理模式和管理流程，以实现企业顺畅的商流、物流和资金流，使企业的整体业务环节高效有序地运转。

SPA模式运营企业既是品牌企业，也是零售企业，零售终端的销售收入是其主要的收入来源。因此，围绕零售终端构建的零售体系的成功与否直接关系到企业的收入情况。零售体系涉及的业务范围非常广且管理难度非常高。所以，想要成功推行SPA模式就要求品牌企业对每一个线下终端连锁门店进行有效管理，随时获知其各项销售指标并及时进行业务调整。

三、信息管理体系

信息管理体系主要包括企业的软硬件信息系统以及相关数据的采集、分析和决策体系，为企业的执行、实施、控制等职能提供相关数据和决策参考，使企业供应链各个业务环节有机串联起来。

SPA模式的最大特点就是需要企业直接掌握消费者和市场的信息，通过信息系统构建起快速的供货体系，实现零售终端的快速响应和供货。因此，信息的收集、分析、处理是企业经营成败的关键。企业必须通过对收集的终端消费信息、市场信息、流行趋势等进行综合分析，利用这些最接近消费者的第一手信息去指导研究部门或者设计中心进行快速调整，从而实现产品策划和迭代更新。

四、商品企划体系

商品企划体系指以满足顾客的需求为导向，通过对商品进行明确定位、组合规划、生命周期管理，实现商品从无到有，再到卖给消费者（规划、设计、开发、采购、生产、销售）的一系列规划和管理的过程。

因为SPA模式强调的是快速响应和准确供应，所以，企业的产品往往生产批量小但流行性强。SPA模式倡导以周为单位对产品进行微调，如果企业没有一个强有力的商品企划体系，将很难实现产品的及时调整。

▎扩展链接

优衣库的SPA经营模式浅析

1984年，优衣库创始人柳井正借鉴美国仓储式卖场销售模式，推出第一家优衣库门店。1992年，优衣库上市后因先后经历了数次失败，导致收入增速持续放缓，盈利能力下滑，单店收入停滞不前。1998年，柳井正开始推行ABC改革行动，他借鉴GAP公司创立的SPA模式，成功打通了生产和销售渠道，成为精细化运营零售商中的佼佼者。

推行SPA模式是优衣库改革成功的关键。优衣库的SPA模式改革体现在生产管理、店铺管理、库存管理等多个方面，通过积极借鉴同行以及跨行业龙头企业的优秀经验，不断学习，不断提升，最终成功将优衣库从一家单纯的低价服装零售企业蜕变为日本服装行业内全产业链运营的佼佼者。

一、生产管理变革：规模化生产控制成本，内外修炼提升品质

之前，优衣库将自主开发的商品直接委托给海外厂商进行加工，这样虽然能有效降低采购环节成本，但由于企业自身缺少生产操作人员及生产管理专业人员，因此无法确保服装品质。鉴于此，优衣库进行生产管理变革，通过规模化生产来降低成本的同时注重产品品质的提升，以确保服装的高质低价。

在规模化生产方面。1998年，优衣库对服装加工厂进行整合，中国区域的工厂数量由原来的140家缩减至40家，有效提高了生产集中度，增加了单个工厂订货量。优衣库在每个外包工厂都拥有自己的专用生产线，可以在短期内生产数十万件规模的服装。优衣库还加强了对所有工厂和供应链绝大多数环节的自主管理，加强了其生产掌控能力。此外，优衣库采取精减SKU数量的策略，例如，将牛仔裤品种由原来的400多种降至200种，从而使得单个商品订货量增加一倍，这样可以有效改善面料和缝制过程中的品质，同时还能降低采购成本。

在产品品质方面。优衣库与日本最大的合成纤维制造商——东丽达成战略合作，研发高性价比优质面料，共同推出了摇粒绒等多种爆款产品。同时在上海和广州成立生产管理事务所，并委派管理人员以及日本熟练技术工人常驻，以加强对产品的品质管理。

二、店铺管理变革：强化店长作用，回归零售本质

20世纪90年代，优衣库门店开始快速扩张，但由于过度标准化管理，致使店长只能被动遵守规定或等待上级指示，缺乏主观能动性。1998年，优衣库对其组织架构进行大幅度调整，根据店铺的地理分布将其划分为几个大区，每个大区下设一个区域经理，在大区之下设地区主管，对门店运营进行有效支持。1999年，优衣库又推出"超级明星店长"制度，建立新的总部与店铺之间的关系，将总部由居高临下、单方面发号施令的角色，转为店铺运营的支持者，并推出奖金与绩效挂钩的薪酬制度，店长收入超过同级别总部员工。

在传统的日本零售企业，店铺的商品管理、库存管理等工作都由总部决定，店长只是一个贯彻总部指示的职位，是普通员工晋升的第一个台阶。而柳井正则强调了店长职能的重要性，他认为店铺是与顾客直接接触的中心，店长在很大程度上决定着门店的兴衰，店长应该是员工职务级别中最重要甚至是最高的职位。如果说总部是协调各个部门的经营者或某一方面（如法务、会计、营销等）的专家，那么店长就是店铺运营的负责人和专家。

由于各家门店所处的地理位置、气候、风俗习惯不同，因而在销售时点、畅销款式等方面也存在差异。优衣库门店的店长被赋予自主经营的权利，店长可以根据自身门店位置及周边人群的特征，自行决定和调整店铺订货量，对店铺布局、商品陈列等进行个性化的调整，自主安排人员管理、变更店铺运营模式、印制广告宣传单等事项。店长还可以培养副手，形成人

才梯队。公司注重提升明星店长的地位和待遇，使得门店在很大程度上成为决策的"中心"。

优衣库的店铺管理变革一方面使得门店成为独立的运营单位，能够更灵活地适应当地的消费偏好，能够更快速地根据需求进行产品调整，提升客户满意度和产品售罄率。另一方面此举也挽留和吸引了更多人才，为公司培育了足够多的人才储备。

优衣库的门店全部为直营店，企业对门店的掌控力强，方便根据企业发展做出战略调整。为门店配备信息系统后，公司可实时掌握门店消费数据并及时反馈给设计、生产端。

三、库存管理变革：以周为单位的精细化运营，挖掘单店销售潜力

消费者经常根据季节或时尚流行趋势调整着装，且不同消费者的年龄、身材、偏好不同，因此，服装作为非标品，其销售周期很短，大多数传统服装品牌企业是按季度为周期进行销售管理，原价销售的时间为当季前两个月，当季最后一个月开始对滞销商品进行打折促销，库存成为该行业面临的最大问题之一。

虽然服装的销售周期很短，但其生产周期却很长，服装企业通常要提前一年开始进行商品企划，确定新的一年的流行色、流行素材、季节主题等；提前三个月或半年确定采购计划；提前半年甚至一年来预测服装的销售情况。但这又给服装企业带来了新的难题，比如，预测本身容易产生误差，尤其是无法主导流行趋势的国内品牌；再如，由于大多数服装企业都是以

加盟为主，难以及时掌控销售数据。因此，每季都会出现热销款式断货和滞销款式积压的情况。面对这些服装企业的共性问题，优衣库进行了库存管理变革以实现精细化运营管理。

优衣库虽然依旧是提前一年时间进行产品开发，但它是以周为单位进行生产、销售以及成本管理的安排和调整。每周一次的例会上，会把企业旗下所有门店的销售数据进行汇总，通过分析这些数据及时调整生产和促销策略，以提高生产和需求之间的匹配度，并迅速锁定畅销产品。

商品上市后，优衣库会在每周的例会上对计划销量和实际销量之间的差距进行核算，从而将其所有商品按颜色、尺码等来调整促销和生产计划。超出销售预期的产品追加生产，低于销售预期的停止生产并限期降价促销（见图3-1）。

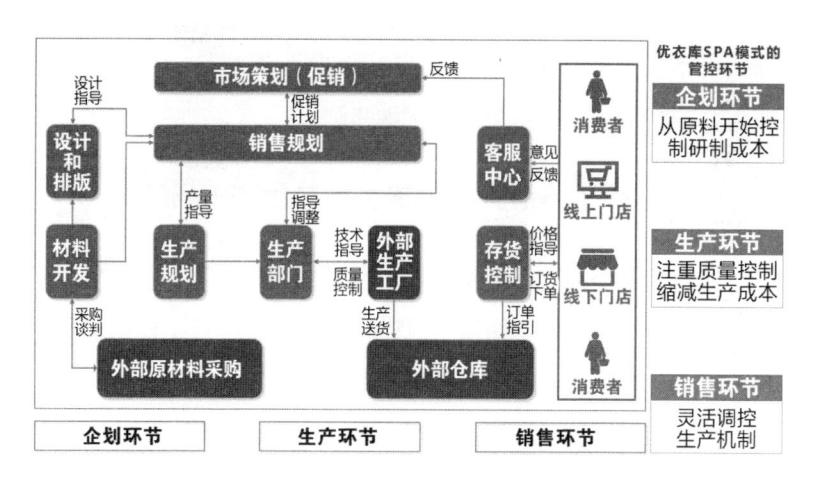

图3-1 优衣库的SPA模式分析

▶ SPA模式中国化探讨

一个品牌企业不一定非要在品牌具备过硬实力之后才去考虑运用SPA模式，但是一个成功运用SPA模式的品牌企业一定是有着敏锐的洞察力和过人的分析能力。国内品牌企业如果想构建中国化的SPA模式，首先就要学会收集信息，而且要学会挖掘数据的价值，并要学会应用这些有价值的数据进行分析和解决品牌企业自身的问题，例如掌控了消费者的一手信息就要指导研发部门和设计中心进行快速的调整，这样才能建立快速反应的供应链。同时，品牌企业还要能够整体的把握全局，控制好供应链的每一个环节，以确保供应链的高效性。我国区域差异大、市场竞争不平衡，要想更好地推行SPA模式，我国企业还需要不断学习，迎接挑战，把握机遇。

一、充分了解消费者需求，精准预测市场趋势

企业要想打造SPA模式就需要精准掌握消费者的需求。我国企业要与消费者建立起更加密切的联系，就必须集中发挥自身优势，启动企业品牌系统，全方位建立起自己的品牌形象。

无印良品就是通过开发顾客参与型商品与顾客进行深层次的沟通。通过从产品开发到售后的全过程参与，无印良品的消费者感知到自身对于无印良品的价值，形成双向的良性互动。彼得德鲁克曾说过："企业经营的真谛是获得并留住顾客"，无印

良品具有一大批忠诚顾客，品牌好感度的调查结果显示，很多人认为无印良品不是一种品牌而是一种生活理念，无印良品对于顾客的吸引与维护工作具有极高的参考价值。

二、有效把控生产环节，管控产品品质

SPA模式要求品牌企业集设计、生产、零售于一体，但目前国内的品牌零售企业的生产大多采用的是委托代加工方式，委托代工生产的企业一般只关注价格和交付时间等因素，对产品的品质虽然有要求但无法有效严格管控。

为了确保产品合格率，满足消费者的需求和期望，企业必须严格把控生产流程，避免生产中的质量问题。首先，企业需要保证原材料的质量和安全性，针对不同原材料的特征和不同的生产过程，企业需要制定不同的检测标准和流程；其次，在生产过程中，流程和环境的控制要高度精确和严谨，每个生产环节都需要相应的检测和记录，以便追溯和控制；再次，企业需要制定完善的质量管理体系，建立质量控制标准和流程，并对生产人员进行专业培训。

总之，严谨把控生产流程，确保产品的高质量是企业生产经营的核心要素。通过科学合理的质量管理和监控机制，以及引进先进的设备和技术，企业可以有效提高产品质量控制水平，增强自身品牌竞争力，赢得消费者的信任和支持。企业应该秉持"质量至上"的生产理念，不断提高自身的生产标准，为消费者提供更加优质的产品和服务。

三、提升店铺规模，提高零售运营效率

目前，很多中国企业不仅在店铺规模方面存有不足且零售运营效率也有待改善和提升。采用SPA模式的品牌企业一般都优先考虑将门店选在繁华商圈，这样不仅有利于企业形成广告效应，还可以快速建立品牌知名度。然而大型门店在繁华商圈的开设必然意味着成本的提高，同时还要求品牌零售企业必须具备更快速的商品更新能力、更健全的物流体系、更高效的门店运转体系等。如果整套运营机制中有任何一个环节出现问题，则会使得品牌零售企业的经营情况受到很大的影响，甚至影响SPA模式的有效运行。

四、整合供应链，注重迅速与灵活

目前，国内不少企业上下游环节都存在数据壁垒，信息无法实现互联互通，导致供应链不够灵活，且存在较大的"断链"风险。因此，企业对于供应商的关系管理和供应链的质量管理均有迫切需求。

伴随着产品分工日益细化，产品复杂程度日趋提升，业务集成的广度和深度大幅拓展，依靠单个企业、单个部门已难以覆盖企业的业务创新和生产活动，产业链上下游企业间的协作变得更加紧密。企业不仅需要保证内部生产线的高效畅通，还需要实现与外部的紧密配合。

随着企业数字化转型与智能制造的加速推进，企业追求的

目标已经不再局限于单个工厂的运营改善，而是扩展到整个产业链的资源优化与协同。打通产业链上下游，多元化管控供应链，实现供应链协同已成为制造企业转型的主要方向。

五、构筑高效的信息系统平台

企业可以通过工业互联网平台建立数据流动渠道，为产业链各环节的企业制定科学采销决策提供重要支撑，通过保障物料信息在产业链全链条中的自由流动，带动物料资源自由流通，实现高效协同。企业还可以通过工业互联网平台建立贯穿全产业链的沟通渠道，实时监测上游原材料供给情况和下游产品需求信息，根据精益管理要求，动态调整企业库存策略，实现"进销存"精准管理。此外，企业还可基于工业互联网平台，采集生产各环节的信息，对产品进行全生命周期的质量管理，准确识别质量问题，并进行溯源管理，找到质量问题环节，提高产品质量保障水平。通过工业互联网平台整合分散的生产、供应链和销售资源，实现跨部门、跨层级的业务互联与分工合作，推动企业生产方式由线性链式向网络协同转变，以此促进企业资源共享、业务优化和效率提升。

综上所述，要想从根本上使SPA模式中国化，国内品牌零售企业一定要结合自身特点和市场状况构筑属于自己的生产体系、物流体系、信息管理体系、零售管理体系，提升其自身在商品企划、供应链、信息管理、零售管理等领域的应用和技术水平来获取更大的竞争优势，从而获取市场及消费者的认可。

> 扩展链接

SPA模式给中国服装企业的启示

1.要提高生产商品的质量

国内很多工厂的生产能力是毋庸置疑的，但缺乏自己的创新、设计。我们应当在不断提高产品质量的同时，满足各层次消费者的需求，完善好售后服务，与消费者建立起更加紧密的关系。只有这样，才能更大程度上实现企业自身的利润和价值。

2.正确认识企业自身定位

建立鲜明的品牌特征，以符合大众需求。在这一点上，本土品牌企业应该更加了解消费者需要什么样的衣服，而不是一味地模仿。近年来，电商在中国的发展是有目共睹的，优衣库也连年在"天猫"上保持良好业绩，我们的企业更应该加强与电商的合作，让我们的产品在自己的市场上取得成功。

总之，学习是超越的根本所在，在借鉴优衣库企业成功经验的基础上，企业应该将理论与实践相结合，根据自身实际情况做出适当调整。作为我国传统制造业之一的纺织服装业在"一带一路"的国家大政方针引导下，积极探索"走出去"战略，不遗余力地打造自己的国际品牌。进行全球化经营和资源配置，确实需要经营者具有足够的智慧、胆量和能力。

零售战略刍议

管理大师德鲁克说:"没有战略的企业就像流浪汉一样无家可归。"随着现代管理理念的日益风靡,越来越多的企业经营者意识到战略对企业经营的重要性。对任何企业而言,要想成功地参与市场竞争,顺利地在竞争市场中披荆斩棘、攻城略地,能面对纷繁复杂的市场机会而坚持主见,有所为而有所不为,那么企业就一定要有自己的主心骨,这个主心骨就是我们要讲的指引企业前进方向的战略。

战略是用来指导企业发展方向和前进步骤的规划体系,企业需要根据战略来制订具体的行动计划和衡量企业内部的价值标准;战略是企业经营思想的体现,是一系列战略决策的结果,是企业具体行动的指导纲领和行动指南。

由此可见,所谓企业战略,是指企业在市场经济、竞争激烈的环境中,在总结历史经验、调查现状、预测未来的基础上,为谋求生存和发展而作出的长远性、全局性的谋划和方案。那么,对于零售企业而言,就需制定好自己的零售战略。

▶ 零售企业不能没有自己的战略

乔治·巴顿将军曾在一次演讲中说道:"战略就是派你手下的家伙,要他去夺取某个地方,如果他做不到,就把他撤掉。""战略就是夺取一个地方"同样适用于厮杀商场的企业,企业的经营活动也可以被看作占领或夺尽可能多的市场渠道或销售份额,得到顾客或消费者的认可,从而获取更多的销售回报。

但是,我们不得不承认,国内很多企业尤其是中小规模的民营企业发展至今确实没有做过任何战略规划。什么百年老企业、做大做强、让企业走向世界等,这些企业经营者没有这般的宏伟理想,老板们的意图很明显,那就是赚钱,小企业老板们创办企业的终点是为了盈利。虽然这些缺乏战略规划的企业中不乏有经营成功的案例,但透过现象看本质,他们的成功并不等于说战略对企业没有任何作用,经过仔细分析研究,此类企业一般都具有以下主要特征。

第一,企业规模较小,因而应对的环境和人员也相对不那么复杂;第二,他们做生意大都靠的是比别人能干、能吃苦,这样的团队反而容易形成一种团队共识——老板文化,也就是一切以老板为主,对于这类企业,老板商业直觉的敏锐度在企业运营方面起到了很大的作用,只要老板的选择和定位准确,企业就可以快速发展起来。

很明显,这类企业经不起风浪,他们没有搞清楚战略和企业成功之间的关系,即使能获得一时的成功也并不能长久,存在着很大危机，容易在残酷的市场竞争中被淘汰。小企业要从最初的无意识中清醒过来，明确定位，制定目标，确定企业战略。

还有一类比较特殊的企业，他们往往有过明确的发展战略，但出于种种原因，企业会有意无意地让其战略规划逐步弱化，这是因为每一个行业的传统观念通常都是强大而顽固的，其取舍总会让人感到担忧。企业经营者有时宁愿不做出战略抉择，也不愿去承担因为战略抉择失误所造成的严重后果。这些企业经营者普遍有一套自我心理安慰的话术："不管怎么说，我不断开发产品、不断增加业务肯定是不会错的，即使将来失败了，也是因为市场竞争导致的，起码我是努力奋斗过了。"因为害怕承担失败的压力于是回避战略选择的企业经营者不在少数，这种做法必定是不可取的，在复杂激烈的市场竞争环境中失败是在所难免的，谁也无法保证哪种企业战略一定是成功的，我们不能因为一两次失败而放弃战略抉择。

企业战略的实质意义就是明确企业的独特定位，设定明确的取舍条件，加强各项活动之间的适配性。企业战略是企业长期发展的方向和目标，是企业在市场竞争中获得优势和成功的重要手段。企业战略的制定和实施不仅能够帮助企业把握市场机遇，提高市场份额，还能够帮助企业降低成本，提高生产效率，提高企业的盈利能力和竞争力。

企业规模的大小不会妨碍其战略的制定，并不是说规模小的企业就不需要制定企业战略，再小的企业同样也面临着目标客户和产品选择的问题，缺少战略企业将像没头的苍蝇一样到处乱撞。

作为零售行业从业者，会时常听到"试错"一词，其实那些打着"试错"的幌子一直在做布朗运动的新零售企业无一不是因为没有清晰明确的战略规划导致的。试错行为不但辜负了企业投资者和企业所有人的期望，更是对企业本身和消费者的不负责任，试错行为的后果必将导致企业陷入困境。因此，无论是对大型的零售企业还是中小型的零售企业，要想避免企业发展停滞不前甚至是到处碰壁，就需要尽可能早地明确企业的发展战略（见图4-1）。

▶ 零售战略体系的构成

企业愿景
· 指对企业"存在的理由"的宣言，回答企业的任务是什么，服务于何种客群，愿景设计是企业确定经营重点、制订战略计划的基础

战略目标
· 即企业期望达到的长期和短期绩效标准。例如：到××××年店铺数目达到×××家，年营业额达到××亿元人民币

战略定位
· 是零售企业长期追求的目标，是顾客价值、产品和市场决策的综合反映。战略定位的目标是创建一个与竞争对手不同的企业特征

业务战略
· 为确保企业总体战略的实施，而设立的企业组织架构和业务单元，以及各业务单元发展策略

图4-1 零售战略体系的构成

零售战略是一套涉及零售企业如何集中资源达成目标、确定企业主要服务于哪些顾客以及为顾客提供什么样的商品和服

务,并建立和保持竞争优势系统性的规划和策略。如图4-1所示,零售战略由多个要素组成,包括企业愿景、战略目标、战略定位、业务战略,这些要素相互作用,形成了企业一个完整的零售战略体系。

企业愿景,即企业未来期望达成的目标和方向,它通常是一个明确、简洁、激励人心的陈述,包括企业的核心价值观、使命和目标及方向等,愿景设计是企业确定经营重点、制订战略计划的基础。企业愿景也不断地激励着企业奋勇向前,拼搏向上。

战略目标,即企业期望达到的长期和短期绩效目标,是对企业战略经营活动预期取得主要成果的期望值。战略目标的设定是确认企业经营目的、社会使命的进一步阐明和界定,也是企业在既定的经营领域展开经营活动所要达到水平的具体规定。

战略定位,是零售企业长期追求的目标,是顾客价值、产品和市场决策的综合反映。战略定位的目标是创建一个与竞争对手不同的企业特征。

业务战略,是为确保企业总体战略的实施而设立的企业组织架构和业务单元,以及各业务单元的发展策略。业务战略强调了各单位在各自产业领域中的生存、竞争与发展之道。

▶ 零售战略的构建

零售战略的构建要满足三个方面的期望目标。首先,要满足消费者对零售企业的期望,即零售企业要满足消费者对商品的需求并为其提供可持续的、优良的服务，这是零售企业经营活动的出发点，只有消费者购买企业的商品，企业才能获得收入和利润。其次，要满足投资方对零售企业的期望，即满足投资者对分红、股息、股权、价值增长的期望，包括持续的利润率、较高的生产率和良好的现金流量。最后，要满足员工对零售企业的期望，现代的企业管理是以人为本的管理，企业的发展是以员工的发展为基础，因此只有满足员工经济上的以及个人发展方面的要求，员工才能以饱满的工作热情去创造更好的工作业绩。

零售战略的构建可以从业务范围/使命设计、顾客服务战略设计、战略定位设计、战略目标设计、战略实施设计、业务活动设计六个方面入手（见图4-2）。

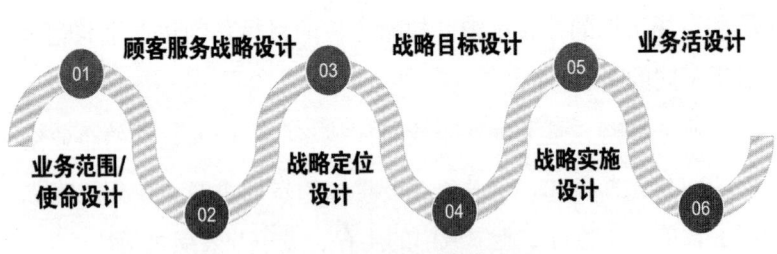

图4-2 零售战略的设计要素

一、业务范围/使命设计

零售企业的经营战略要求阐明企业经营什么，所以，零售企业经营者制定经营战略首先必须确定企业经营的商品和服务类别。业务范围/使命设计正是对零售企业存在理由的阐释，是零售企业确定经营重点、制订战略计划和资源分配的基础，也是设计企业内部管理岗位和组织结构的起点。它必须反映目标顾客的期望，把握顾客的偏好，建立与顾客长期良好的关系。

二、顾客服务战略设计

随着市场竞争的激烈化及商品供应来源的普及化，商品的贩卖并非商品经营的全部，代之而起的是"非商品面"的服务。所谓服务战略，指企业在一定发展阶段以服务为核心，以顾客满意为宗旨，使服务资源与变化的环境相匹配，实现企业长远发展的动态体系。服务战略是一个系统工程，它需要管理者和员工不仅从思想观念上做出转变，还要求企业要有条不紊地安排各项工作。

完整的服务战略至少包括树立服务理念、确定顾客服务需求、服务设计与实施、服务人员的管理、服务质量的管理、实现顾客满意与忠诚六个方面，此六方面的内容体现了服务战略实施从分析、计划、组织到控制的管理过程。

服务战略的要求有：将服务战略和企业的营销战略相结合；在客户细分的基础上制定服务战略；建立服务文化，倡导全员服务理念；服务战略需要制定完善的服务体系来保障其实施。

三、战略定位设计

定位的实质，即对零售企业的产品和形象进行有针对性的设计，从而使其在目标顾客心目中有一个独特的位置。零售战略定位体现了零售企业追求的长期目标，是对顾客价值、产品和市场决策的综合反映。零售企业进行战略定位设计的目标是创建一个与竞争对手不同的企业特征，其功能是对目标顾客的相关价值定位进行陈述，并以此为依据制定非常清楚的操作管理流程，提出对企业员工和合作厂商的要求。

扩展链接

小米手机的战略定位

小米公司正式成立于2010年4月，是一家专注于智能手机、智能硬件和IoT平台研发、生产的消费电子及智能制造公司，"创新与品质并重"是该公司的产品理念。小米在业内首创了用互联网模式开发手机操作系统并让发烧友参与开发改进工作之中。

一、品牌定位

1.产品定位：为"发烧"而生。智能手机市场定位需要对消费者进行充分分析，挖掘消费者的潜在需求。小米公司关注消费者对手机配置与产品性能的需求，将小米手机定位为"为发烧而生"，突出小米手机配置高、产品性能好等特征，从而满足智能手机"发烧友"的需求。小米手机"发烧友"概念的提出，使其具有了鲜明的品牌个性，这种独具一格的差异化定位为小米手机吸纳了大量忠实"粉丝"，这为小米手机"粉丝营销"创造了条件。

2.研发创意："发烧"用户参与。小米手机定位的"手机发烧友"是一群对智能手机具有狂热爱好的人，他们对各种手机的相关数据十分熟悉，对手机的各项功能了如指掌，更乐于充分使用手机的多项功能。"手机发烧友"多为年轻消费者，他们对新鲜科技感兴趣，并具有极强的好奇心和探索欲，愿意参与到产品的开发改进中来。

3.核心卖点：高配置低价格。硬件配置是小米手机最令人瞩目的，小米手机采用了更具性价比的高通处理器，内存方面更是兼顾大众消费者的应用需求，另外屏幕和摄像头也是紧跟市场流行趋势进行配置，质优价廉的定位让其获得了受众的肯定，并成功占领了消费者心智。

4.产品设计差异化：如今消费者不仅关注手机的质量，还十分重视手机设计，特别是年轻消费者对外形时尚的手机更为偏爱。小米手机外形设计整体风格简约大方，不同型号的小米手机在外形和颜色设计上存在一定的差异。产品外形设计是凸显产品差异化的最直观环节，小米手机在产品设计上融入了浓郁的品牌特色，提高了小米手机品牌辨识度。

二、情感定位

名字：小米（亲切、可爱）。

LOGO：倒立少一点的心（帮用户解决困难，让用户更省心）。

三、市场定位

中国手机用户群体数量大，手机的品牌众多，小米在手机市场方面做得非常精准，为小米找到了市场的空白点。按照年龄细分，小米将客户群体年龄界定在25—35岁之间，该年龄段的人群正处于事业的发展期，经济独立，消费能力强，易于接受新事物，喜欢新的尝试，消费具有时尚性和超前性。

基于年龄细分，小米又针对手机偏好对客户群体进行细分，将代表着消费前沿并对消费具有示范作用的手机发烧友作为自己的目标客户，这种示范效应会引发群体跟风。

四、价格定位

价格是影响需求量最主要的因素之一，产品定价策略实施完美，对产品销售和提高市场份额有很大帮助，与其他手机品牌不同的是，小米手机价格较低，一般集中在2000—3000元范围之内。小米手机微薄的利润让其他竞争者无法效仿，在智能手机品牌中形成独特的价格优势。

五、渠道定位

小米公司采用了轻资产销售模式，根据购买者的订单进行生产，小米公司的产品全部通过小米商城和天猫旗舰店售出，节约店铺租金，而且产品销售速度快，仓储成本较低。更重要的是，小米公司拥有自己的供应商渠道，大大降低了生产成本。

六、营销定位

1.发布会。借助极具科技感的产品发布会获得市场和消费者的青睐。小米是国内第一家如此发布手机产品的企业，必然会博得大众媒体和手机"发烧友"的极大关注。

2.工程机预先发售。在正式版手机发布前，小米采用秒杀方式预先出售工程纪念版手机，而且并不是每个人都有秒杀的资格，这不禁让消费者有种想买却买不到的心情，小米手机这一规则的限定，让更多的消费者对小米手机充满了好奇心，很多消费者不怕买得贵而就怕买不到。

3.饥饿营销。商品提供者为了更好地推广产品，更好地维持品牌形象，故意积压货物或者推迟商品的上市日期，给消费者造成供不应求的"假意识"，从而提升企业的品牌影响力。在小米之前，苹果就采用了这种营销方式获得成功，小米手机在苹果的基础上加以创新，把饥饿营销应用得淋漓尽致。

四、战略目标设计

"物竞天择，适者生存"，市场不同情弱者，企业必须结合自身的实际情况，很好地明确企业发展的近期、中期、远期目标，从而突出各阶段工作的重点。

战略目标指为确保制定的零售战略可以实现而设置的企业远景目标，战略目标中财务目标至关重要，企业战略制定的最终目标之一是满足投资者的期望（股东价值），因为无论是投资者还是企业经营者都不会对一个不能带来满意的财务结果的事业继续投入资本。因此，战略的有效性应该通过一系列的业绩标准来计划和控制。战略有效性决策是将零售企业的战略展望和业务使命转换成明确具体的经营业绩目标，从而使得企业的进一步发展有一个可以衡量的标准，企业的经营业绩要能反映不断提高的竞争力及企业日益强大的市场地位（市场份额）。

五、战略实施设计

一个好的零售战略必须具有可执行性,否则就成了纸上谈兵,因此,制订一个好的战略实施计划是必要的,它是零售战略取得成功的保障。战略实施计划在企业整体战略的指导下,通过实际活动来满足顾客的需求和企业的业绩目标(利润、效率和现金流)。

六、业务活动设计

业务活动计划其实就是对零售企业业绩目标和整体战略(定位和导向)的进一步描述,是零售企业战略实施/执行的基础。要特别注意的是,一个完整的零售企业业务活动计划必须包括所有业务单元(部门)的业务活动计划,其中财务计划、市场计划和商品计划是业务活动设计的重点,这些细分的业务活动单元通过资源共享和一系列的预算相联结,共同为零售战略的落地和执行提供责任、资源和产出方面的支持。

▶ 零售战略的动态性

零售战略的制定和实施是一个持续的过程,有时会持续2~3年甚至更长时间。在此期间不可避免地会出现社会环境改变、竞争对手的策略改变、顾客需求的改变以及零售技术的改进等状况。对于这些不可控因素,零售企业只能被动地去适应。因此，零售战略存在一个动态调整的问题，即在零售战略实施期间，需要零售企业实时监测市场及客观环境的变化，并对此及时做出反馈，必要时还要对零售战略做出相应调整，以确保零售战略目标的最终实现。

　　制定一个好的零售战略仅仅是零售企业良好经营活动的开端，将零售战略执行好、实施好才是更大的挑战，需要零售企业为此花费更多的时间、付出更多的努力。零售企业经营者应该明白，零售战略是在企业实际经营过程中一点一滴形成的，是企业经营者根据企业内外各种条件不断进行规划和调整的结果。要想使零售企业的零售战略总是处于行业前沿，与市场环境相匹配，能够实时把握顾客的需求变化和竞争对手的动态，那么一旦零售战略的关键变量发生了变化，就应对现存的战略迅速做出相应的调整，从而减少不利事件给企业带来的负面影响，使企业保持有利的竞争优势，获取良好的收入和利润。

扩展链接

ZARA的营销策略

　　Inditex集团是来自西班牙的世界四大时装零售集团之一，旗下拥有八大服装品牌，ZARA是其中最成功的，被认为是欧洲最具研究价值的品牌之一。

　　1975年，西班牙商业巨头阿曼西奥·奥特创立了"快时尚"服装品牌ZARA，自成立之初，ZARA便定位国际市场。近年来，ZARA品牌风靡全球，不仅受到明星的追捧，更成为大众消费者偏爱的名牌。究其原因，ZARA的成功离不开其独特的营销策略（见图4-3）。

```
                    ZARA战略定位：
        Affordable fast fashion（买得起的快速时尚）
┌─────────────────┬─────────────────┬─────────────────┐
│  1.买得起的      │  2.快速          │  3.时尚          │
│                 │                 │                 │
│ ·ZARA价格远     │ ·ZARA首创时     │ ·ZARA设计过     │
│ 低于同等时尚程   │ 装零售市场上的   │ 程中十分关注     │
│ 度的时装品牌     │ 快速反应概念     │ 顾客和最新潮     │
│                 │ ·强大的供应链   │ 流趋势          │
│ ·除每年2次的    │ 是ZARA确保能    │                 │
│ 店内促销外，几   │ 对市场作出快速   │ ·对旺季前生产   │
│ 乎不做任何广告   │ 反应的保障       │ 量的控制，保证   │
│                 │ ·IT技术也将设   │ 了ZARA能引领    │
│                 │ 计、生产、配送   │ 最新的时尚       │
│                 │ 和销售迅速融为   │                 │
│                 │ 一体            │                 │
└─────────────────┴─────────────────┴─────────────────┘
```

图4-3　ZARA的独特战略定位

一、以"快"为本，紧随时尚潮流

随着社会的发展，人们对服装有了快速更新的需求，"快时尚"服装行业由此产生并迅速发展，开展"快时尚"业务已成为服装企业迅速发展壮大、创造业绩的一个理想选择。

新款的快速上市，是快品牌抓住消费者的主要原因之一。对于钟爱"快时尚"品牌的年轻人来说，品牌的快速反应机制就是吸引顾客的热点，独特新颖的服装款式也满足了年轻一族对新鲜、个性的追求。

ZARA的"快速、少量、多款"产品策略的实现，依靠的是对时尚信息和消费者反馈信息的快速采集与共享，而这主要缘于以下两个系统的构建。

1.庞大设计团队的构建。ZARA拥有一个由200多人组成的新产品开发团队,该团队人员的平均年龄不到30周岁,他们对时尚有着十分敏感的理解,可以准确识别出当下的时尚流行趋势,他们可以在两周内将迎合流行趋势的新款服装摆到店内,而对于传统的生产方式而言,这个过程则大概需要四个月的时间。因此,打造一支时尚界的"快速反应部队"是"快时尚"品牌保持竞争优势的有效手段。

2.信息共享体系的构建。仅有快是不够的,作为服装品牌,要随时尚而动进而对时尚做出最得当的反应,随潮流变化调整供货。同时,企业还应从顾客出发,了解顾客的需求,不断完善设计概念。ZARA的每个门店都安装有彼此独立的信息系统,ZARA总部每天都会与各个门店交换大量的原始数据,数据细致到每款产品的尺码、颜色、数量、卖出单数、卖出时间、支付方式、折扣信息、价格调整等。随后,各部门将数据进行分解,以便对各地市场做出判断和调整。

二、低价打造"触手可及"的奢侈品

"快时尚"在引领新的消费和生活方式的同时也吸引了大量追求"快时尚"的消费者,这些消费者以年轻群体为主,调查显示,23~27岁是"快时尚"用户忠诚度最高的年龄段,然而这类消费群体并不具备较强的购买力,ZARA的产品价格正好符合年轻人的消费水平。ZARA让便宜不再是时尚的禁忌,ZARA成功吸引了众多中等收入人群和年轻一族,使消费人群得到了极大扩展。

零售标准化管理

连锁经营是一种商业经营模式，指经营同类商品或服务的若干个企业（或企业分支机构），以一定的纽带和形式组成一个联合体，在整体规划下进行专业化分工，并在分工和商圈保护的基础上实施集中化管理，把独立的经营活动组合成整体的规模经营，从而实现规模效益。

连锁经营是一个非常具有生命力的系统化管理模式，优势非常明显，特点特别突出，效果相当显著。连锁企业可以通过节约采购成本、分摊固定成本、提高风险抵御能力、增大单位面积交易量等实现企业成本的降低与效益的提升，另外，零售行业的拉动作用以及国外零售巨头在中国的快速扩张，使得国内许多零售企业也拥有了扩张的冲动。

但随着零售连锁企业数量的不断增多，企业之间的竞争也日趋激烈，在此过程中，企业内部的如管理制度不够完善、内部控制水平相对低下、信息不对称等缺陷也逐渐暴露出来，这些无疑都在一定程度上制约了企业的健康发展。随着连锁的规模越来越大，门店数量越来越多，如何保证企业稳健地进行大规模的复制扩张？如何保证人才的发展速度跟上门店的扩张速度？这就需要企业的运营标准化体系来发挥核心的关键作用（见图5-1）。

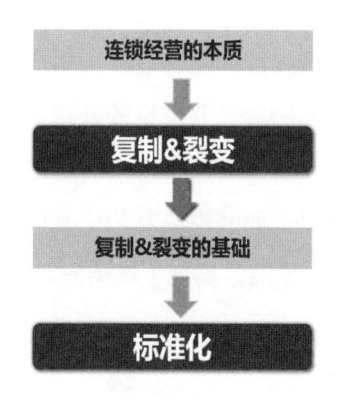

```
连锁经营的本质
   ↓
复制&裂变
   ↓
复制&裂变的基础
   ↓
标准化
```

图5-1　连锁经营与标准化的关系

▶ 何为标准化管理

标准化指企业在以往工作中不断总结、沉淀和提炼得出的一整套的流程和规范，并将公司独有的企业文化和经营特色融入其中，形成具有核心竞争力的运营系统。

连锁企业经营管理三个基本原则为标准化、简单化、专业化，三者缺一不可，标准化在一定程度上是专业化与简单化的体现，因为连锁经营的最大特征之一就是可复制性，而标准化是企业复制、扩张进而实现规模化经营的重要前提。高度统一的标准化管理可以简化日常管理工作，以提高连锁零售企业的管理水平和经营效率。

标准化之所以在企业管理中尤其受到重视，主要原因如下：第一，标准化以管理上的一致性、通用性节约了企业内部的协调成本。第二，考虑到企业内部不同人员间不同的要求和行为差异的事实，管理标准化可以防止不同的组织或个人针对某一相同事件做出不同的经营决策或处理结果，有时很小的个体行为也有可能导致重大的社会损失。通过对相关单位的责任和权限做出明确规定，能够提高复杂业务的工作效率、生产效率，以此促进经营管理的合理化（见图5-2）。

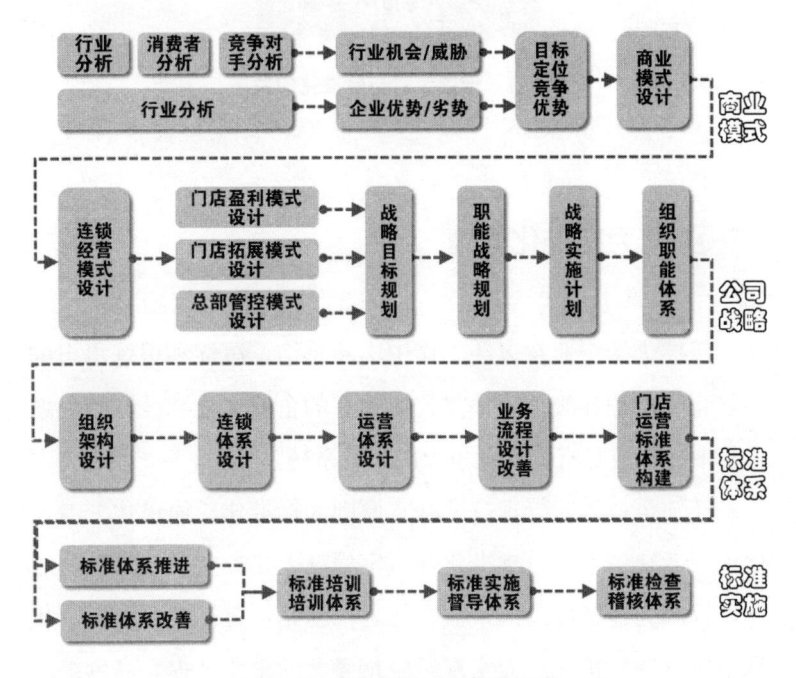

图5-2 连锁零售企业经营体系

目前的百货店卖场、超市、便利店以及各类专业店布局大体一致，店内商品组合大体一致，门店的促销手段大体一致，甚至门店运营体系也是基本一致，这在一定程度上便是标准化的体现，那么较之这种"千店一面"的经营模式，近年来又有不少零售企业开始探索"千店千面"的经营模式。

"千店千面"就是彻底打破目前的格式化零售，从店铺规划、商品组合、零售促销、门店运营等各个方面，实现真正的个性化零售差异化经营，满足消费者的个性化消费需求，进一步增强零售店的吸客能力和经营活力。

那么，不论是"千店一面"还是"千店千面"，改变的只是其外在形式，而其内在的实质和规律则是保持不变的，零售企业连锁发展的基础——管理的标准化不会变。

▶ 标准的特征和作用

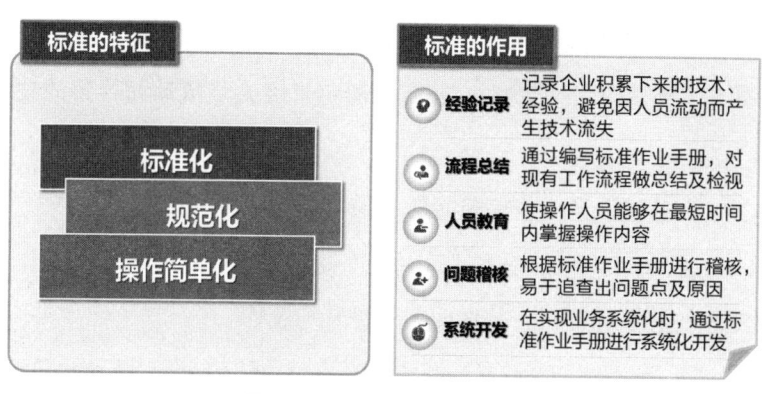

标准的特征	标准的作用	
标准化	经验记录	记录企业积累下来的技术、经验，避免因人员流动而产生技术流失
规范化	流程总结	通过编写标准作业手册，对现有工作流程做总结及检视
操作简单化	人员教育	使操作人员能够在最短时间内掌握操作内容
	问题稽核	根据标准作业手册进行稽核，易于追查出问题点及原因
	系统开发	在实现业务系统化时，通过标准作业手册进行系统化开发

图5-3 标准的特征和作用

标准化是连锁经营的最本质特征。如图5-3所示,标准化不仅可以使连锁企业获得正当的外部性利益、规范的连锁经营秩序,还可以使连锁企业对店铺进行快速复制,有助于培育企业的核心竞争力。开展连锁经营标准化,就要树立标准化的经营理念,制定顾客满意的标准,建立完善的标准体系和标准的动态机制,建立标准化信息系统。

连锁零售企业的标准化体系是由一系列的标准组成的,但并不是所有的规则都可以作为连锁零售企业的标准,只有那些可以使企业获得良好效益的规则才能称作标准,适用于连锁零售企业的标准具有三个共同特征:标准化、规范化、操作简单化。

对连锁零售企业而言,标准可以在以下五个方面具有重要的促进作用,并助力提升连锁零售企业的经营管理水平。

1.经验记录——提升效率,节约成本

通过标准可以记录并保存连锁零售企业积累下来的先进工作经验、优秀的工作方法以及先进的管理技术等,提升了工作效率,节约了企业成本,还有效避免了因人员流动而导致的技术流失。

2.总结提升——储备经验,持续改进

编写和完善标准的过程也是连锁零售企业对其现有的工作流程的总结和检讨,并促使企业提升的过程。

3.人员教育——交接培训，大量复制

连锁零售企业如果有完整的标准，可以使全体员工有效把握所在企业的精神实质，使各个部门的工作更有条理，解决工作过程中的种种冲突，使每个部门和员工都能更好地掌握自己的工作，从而提高工作效率，减少工作误差。新进人员也可以在最短时间内熟悉自己的工作内容和流程。

4.问题稽核——追查问题，明确责任

基于标准，企业总部和门店管理人员可以很方便地对公司的各项工作进行稽核，便于追查出问题的发生点以及发生的原因。

5.系统开发——专注研发，不断创新

系统标准手册是系统开发最好的业务说明书，可以让系统开发人员事半功倍，系统部门可以据此开发出符合企业业务需求的作业或管理系统。

总之，标准是企业提供给员工参考的一个重要依据，有助于他们正确理解并准确执行公司政策和实施情况，只有通过熟练掌握标准（手册）的内容，才能更好地完成公司的任务。

▶ 标准的划分及应遵循的原则

为了便于对各项标准进行管理，我们将连锁零售企业的标准划分为技术标准、管理标准和工作标准，那么与之相对应的便是

技术标准手册、管理标准手册、工作标准手册（见图5-4）。

标准分类	主要内容
技术标准	➢ 在连锁企业的标准化领域中，对需要协调统一的技术事项所制定的标准
管理标准	➢ 在连锁企业的标准化领域中，对需要协调统一的管理事项所制定的标准
工作标准	➢ 在连锁企业的标准化领域中，对需要协调统一的工作事项所制定的标准

图5-4　标准的分类

需要强调的是，连锁零售企业在构建企业标准时应以确保门店盈利优先，同时兼顾企业其他各项管理要求（见图5-5）。

| 保障
门店盈利 | 提升
顾客满意度 | 传递
品牌价值 | 沉淀
企业文化 |

图5-5　连锁零售企业标准构建原则

1.保障门店盈利

成功的单店盈利模式不一定适合连锁经营，但要发展连锁经营必须有成功的单店盈利模式，我们将其称为"样板店"。样板店，顾名思义，就是门店中的样板、榜样、标杆，是最规范、最优秀的门店。连锁零售企业可以对单店的盈利优势进行总结沉淀最终形成标准，推广应用到所有连锁门店，以便让连锁经营企业共同获益。

2.提升顾客满意度

客户是企业的生命线,只有满足顾客的需求,才能实现企业的可持续发展,客户满意度一直都是评判店铺优质的标准。因此,提高客户满意度对企业而言至关重要。

3.传递品牌价值

品牌价值是品牌管理要素中的核心部分,也是品牌区别于同类竞争品牌的重要标志,如何提升品牌核心价值也是一个企业在成长中的必修课。因此,要确保构建的标准能够传递连锁零售企业的品牌价值。

4.沉淀企业文化

企业文化是企业发展到一定阶段形成的企业价值观,具有鲜明的个性和特色,具有相对独立性,每个企业都有其独特的文化淀积,这是由企业的生产经营管理特色、企业传统、企业目标、企业员工素质以及内外环境等共同决定的。在标准构建过程中,必须牢牢把握企业历史、现状、未来的实际情况,重视挖掘、提炼和整理出一套具有企业鲜明特色的文化内涵,走出一条具有本企业特色的企业文化建设之路。

▶ 标准手册的制定要求

标准手册指将作业的标准操作步骤和要求以文件形式描述出来,用来指导和规范连锁经营企业的日常工作。标准手册是所有员工作业的指导书；是管理人员和督导用于指导员工工作的依据；是组成连锁零售企业标准化体系的基石。

优秀的标准手册应符合五点要求。

（1）标准手册要能够回答"5W2H"（见图5-6）。

① What——是什么？目的是什么？做什么工作？

② Why——为什么？为什么要这样做？理由是什么？为何造成这样的结果？

③ Who——谁？由谁来做？由谁来承担？由谁来负责？

④ When——何时做？什么时候完成？什么时候做最合适？

⑤ Where——何处做？在哪里做？从哪里入手？从哪里结束？

⑥ How——怎么做？如何实施？如何提高效率？

⑦ How Much——做到什么程度？花费多少？投入产出比例多少？

图5-6 标准手册的"5W2H"要素

（2）易懂。企业员工都能看懂，且能够达成一致的理解。

（3）易操作。可以让企业员工都可以根据其描述完成操作，且实现的效果完全一致。

（4）易复制。所描述内容必须是在企业目前人力、财力、物力等资源允许的范围内可以做到的。

（5）易获利。确保是所有可行的作业方法中，实现效率最高同时也是实现成本最低的。

▶ 标准手册的制定流程

Step 1	Step 2	Step 3	Step 4	Step 5
梳理手册模块	制定计划分工	拟定手册框架	手册编写讨论	手册优化验收

图5-7　标准作业手册的构建步骤

标准手册制定流程主要包括如下几个方面（见图5-7）。

1.梳理手册模块

总部价值链包括（1）商品供应链（采购、产品开发与生产、商品管理、物流/配送调配）；（2）运营管控链（营销策划、训练、督导、顾客服务）；（3）连锁扩张链（展店、选址、建店、开店）；（4）职能支持链（公司基础设施、品牌/信息设施、行政与后勤管理、人力资源、财务管理）；（5）复制执行链（连锁训练与督导管理）（见图5-8）。

这就是零售
零售的正确打开方式

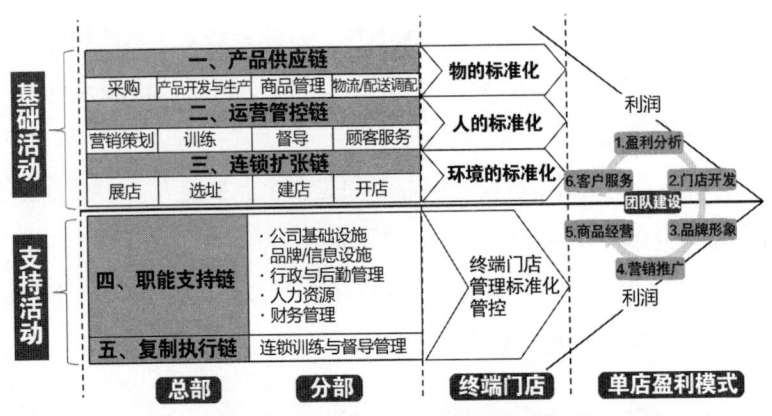

图5-8 根据连锁经营企业价值链梳理标准化体系示意

首先，根据企业自身价值链分析梳理出连锁零售企业的关键模块。其次，采用评分法对各关键模块进行评估，评分标准需要依据业务的重要性进行设定，核心业务模块应优先考虑，与商品和门店相关的业务都应优先考虑纳入标准化的核心业务范畴（见图5-9）。

标准化手册	运营	展店	选址	建店	开店	采购	仓储	物流	训练	督导	人力资源管理	行政管理	财务管理	信息管理	总分
运营	1	2	0	2	2	2	2	2	2	2	2	2	2	2	25
展店	0	2	0	2	2	2	2	2	2	2	2	2	2	1	23
选址	2	2	1	2	2	2	2	2	2	2	2	1	0	0	22
建店	0	0	0	1	0	0	0	0	0	0	0	0	0	0	1
开店	2	2	0	2	1	2	2	2	2	2	2	2	0	0	21
采购	0	0	0	2	0	1	2	2	2	2	2	2	2	2	19
仓储	0	0	0	0	0	1	2	2	0	0	0	2	2	2	11
物流	0	0	0	0	0	2	1	0	2	0	0	2	2	2	11
训练	0	0	0	0	0	2	2	1	2	2	2	2	2	2	17
督导	0	0	0	0	0	2	0	0	1	0	2	0	0	2	7
人力资源管理	0	0	0	0	0	2	2	0	2	1	2	2	2	2	15
行政管理	0	0	0	2	0	0	2	0	0	0	2	1	2	0	9
财务管理	0	0	0	2	0	0	0	0	0	0	2	2	1	2	9
信息管理	0	0	0	2	0	0	0	0	0	0	0	0	0	1	3

图5-9 标准化模块评分示意

2.制订计划分工

所谓分工就是明确哪些事由谁来做，需要确定工作阶段、内容、负责人与时间安排等，可依据企业自身的实际情况合理安排进度（见图5-10）。

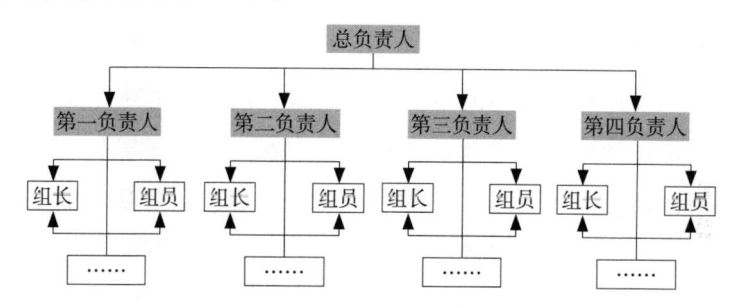

```
                        总负责人
        ┌───────────┬───────────┬───────────┐
     第一负责人    第二负责人    第三负责人    第四负责人
      ┌──┴──┐      ┌──┴──┐      ┌──┴──┐      ┌──┴──┐
     组长  组员   组长  组员   组长  组员   组长  组员
      │            │            │            │
     ……          ……          ……          ……
```

图5-10　企业人员分工结构示意

下面以门店手册编制分工为例（见图5-11）。

序号	组别	手册名称	小组成员		联系电话	QQ/微信	监督审核人
1	第一组	《门店财务管理手册》	负责人	张三	18328125	18328125	王总
			小组成员	王二、麻子	……	……	
			辅导人	李四	……	……	
2		《门店集客促销手册》	负责人	……	……	……	
			小组成员	……	……	……	
			辅导人	……	……	……	
3		《门店商品管理手册》	负责人	……	……	……	
			小组成员	……	……	……	
			辅导人	……	……	……	
4	第二组	《门店店长手册》	负责人	……	……	……	—
			小组成员	……	……	……	
			辅导人	……	……	……	
5		《门店导购手册》	负责人	……	……	……	
			小组成员	……	……	……	
			辅导人	……	……	……	
6	第三组	《门店收银工作手册》	负责人	……	……	……	
			小组成员	……	……	……	
			辅导人	……	……	……	
7		《门店会员管理手册》	负责人	……	……	……	
			小组成员	……	……	……	
			辅导人	……	……	……	
8		《门店综合管理手册》	负责人	……	……	……	
			小组成员	……	……	……	
			辅导人	……	……	……	

图5-11　门店手册编制分工表

3.拟定手册框架

通过拟定手册框架，可以统一标准化手册的文档格式（如封面样式、文件命名格式、目录样式、字体大小、编辑排版方法等）、编写方式（如手册的内容构成、编写顺序、编写规范等）和一些其他相关标准事项（如文件中表单、图片的表现方式，文件附件的格式要求等）。

4.手册的编写和讨论

进入标准手册的编写工作阶段时，需要强调每一本标准作业手册的编写都必须责任到人，在标准作业手册的编写过程中，应进行多次小组内部讨论和检讨，以确保最终提交的标准作业手册能达到说、写、做相一致的效果。

5.手册的验收和优化

进入手册验收优化工作阶段时，应确保手册验收由专人负责，并且验收人员和手册编写人员不能有交叉。

手册验收可以分两个阶段进行。

第一个阶段是手册的文件验收阶段，可以通过设定手册验收评分标准的方式来对手册文件的内容和格式进行验收确认，此阶段验收应优先关注手册的规范性、完整性、适用性、创新性和独特性等方面。

第二阶段进行手册验证跟踪验收，此阶段需要由验收人员根据手册的内容，通过专用的工具（手册执行验证跟踪测试表）进行手册所涉及流程、规范和表单工具的验证和跟踪。

以上两阶段验收完毕后，应将手册验收结果以《手册验收修改意见表》的形式反馈给手册的编写人员，由手册编写人员进行标准手册的优化和修改，直至验收通过。

二、培训系统标准化体系的落地和推进

标准化手册制定完成后,接下来的工作重点就是"输出标准",这项工作需要由连锁零售企业的培训系统来主导。因为连锁零售企业培训系统的工作职责就是对员工和合作伙伴进行复制训练,目的是将连锁零售企业关键岗位的标准化体系进行有效的输出。

连锁零售企业的训练复制工作其实是一个文化渗透、标准打造、团队复制的过程,是连锁经营管理的一项重要工作,连锁复制的三要素就是我们之前提到的流程、规划和表单。

为确保培训体系的具体落地和推进,我们在标准化输出培训中总结出六步培训法,即我讲给你听、你讲给我听、我做给你看、你跟着我做、你做给我看、我来检查你(见图5-12)。

NO	培训步骤	培训方法
1	我讲给你听	1.在员工书面学习后,将学习的内容讲述给他听一遍 2.如果员工不明白,再复述直到听明白为止
2	你讲给我听	1.确认员工听明白后,让他将学习的内容讲述给培训讲师听一遍 2.如果员工没有讲明白,纠正后复述直到明白为止
3	我做给你看	1.员工听明白并能够讲述清楚,培训人员从头到尾操作一遍给员工看,一边操作一边讲述 2.如果员工没有看清楚,重复操作直到看懂为止
4	你跟着我做	1.培训讲师演示让员工操作一遍,并让员工一边操作一边讲述 2.如果没有看清楚,重复演示和操作直到员工看懂为止
5	你做给我看	1.培训讲师让员工独立操作一遍,要求员工一边操作一边讲述 2.如果员工操作不当,讲师纠正员工后复述操作直至通过
6	我来检查你	1.培训讲师让员工独立操作一遍,要求员工一边操作一边讲述,培训讲师严格按照流程对员工操作进行检查 2.如果员工操作不当,讲师纠正员工后复述操作直至通过

图5-12 六步培训法

三、督导系统的标准化体系的落地和推进

督导是连锁零售企业区域管理的责任人，是总部和门店联系的纽带，更是门店店长身边的导师和教练；督导是确保连锁零售企业标准化体系有效执行的关键所在。大多数连锁零售企业往往没有意识到督导系统的重要性，直至企业发展到区域外连锁扩张阶段时，才发现需要重新构建督导系统。但是这个时候不仅仅需要投入大量的人力财力来进行构建，同时在构建和调整过程中还会造成公司管理的混乱不堪，严重的甚至会影响到企业的正常经营。

连锁零售企业督导一般采用如下方法确保门店标准体系的有效执行。

1.监督为主

督导，顾名思义，是监督加指导。连锁零售企业中，督导工作重点是以监督为主还是以指导为主，这其实非常关键。但很多连锁零售企业的督导做的是"导督"的工作，就是以指导为主，监督为辅，这样就会导致督导工作疲惫不堪。这种状况通常是因为连锁零售企业发展过快、成熟的管理标准还没有建立。也就是说，如果一家连锁零售企业的标准化程度还不够完善，标准化水平不高，扩张过快的话，那么该企业发展到一定程度，其新开门店的经营管理水平就会严重下降，业绩变差，进而导致连锁扩张不得不终止。

因此，对于成功的连锁零售企业而言，督导工作就应该是以监督标准化体系的实施为主，以工作指导为辅。

2. 流程驱动

督导的精髓就是有效监督连锁零售企业的门店切实贯彻总部输出的各项技能、知识、文化和理念，并通过不断总结门店经验、学习竞争对手的长处、总结消费者的反馈意见等，最终达到促进企业标准体系优化完善的目的。对督导而言无论是督导自身应完成的各项工作，还是对门店的督导工作，都应有完整的工作流程和规范，因此督导要想更好地督促和落实门店标准化体系的落地推进工作，就应该通过流程来驱动工作的开展。

3. 系统赋能

连锁零售企业要想确保标准化的有效执行，要想门店快速发展，就必须构建一个强有力的督导系统。

店长是门店经营能力的载体，连锁零售企业督导系统的一项重要工作目标就是为企业培育更多的优秀店长。连锁零售企业的督导必须善于经营管理、善于领导激励，能够帮助门店提高盈利，并快速成就一批超级店长。

四、标准化体系落地和推进的关键

关于连锁零售企业标准化体系的落地和推进，还必须关注以下两个方面，因为这是关系到标准化体系最终成功与否的关键。

1. 标准化体系是一个不断优化的过程

连锁零售企业标准化体系的落地和推进不应该是一个结果，而应该是一个过程，是一个不断优化迭代的过程（见图5-13）。

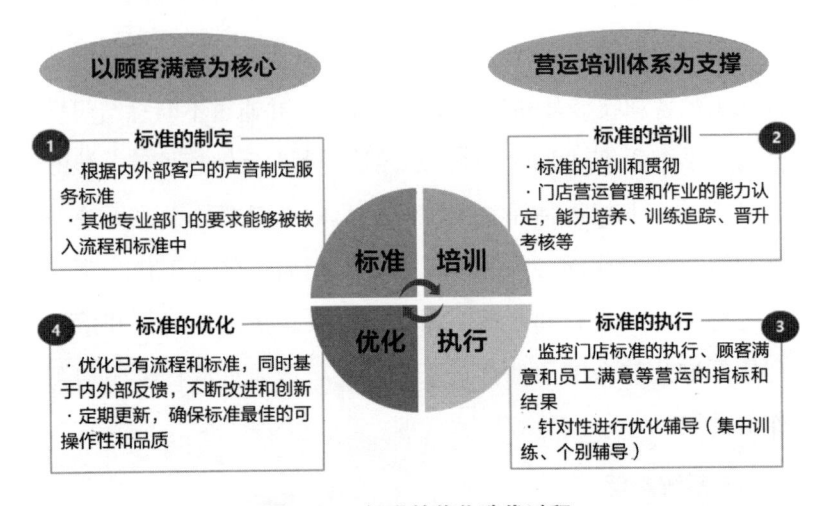

以顾客满意为核心 / 营运培训体系为支撑

1 标准的制定
- 根据内外部客户的声音制定服务标准
- 其他专业部门的要求能够被嵌入流程和标准中

2 标准的培训
- 标准的培训和贯彻
- 门店营运管理和作业的能力认定,能力培养、训练追踪、晋升考核等

4 标准的优化
- 优化已有流程和标准,同时基于内外部反馈,不断改进和创新
- 定期更新,确保标准最佳的可操作性和品质

3 标准的执行
- 监控门店标准的执行、顾客满意和员工满意等营运的指标和结果
- 针对性进行优化辅导(集中训练、个别辅导)

图5-13 标准的优化迭代过程

首先,标准的推进实施过程,其实也是企业管理的自我优化、完善、提高过程,这对企业管理而言至关重要。其次,任何标准都具有时间性,往往会因为企业内部、外部诸多主观、客观因素导致制定的标准在推出不久就会不合时宜,有时甚至会发生无法继续沿用的状况。因此,需要定期对推出的标准进行迭代调整和优化完善,如此才能确保标准的生命力。

2.标准化体系落地推进的组织保障

对连锁零售企业而言标准化体系的落地推进是一件关系到公司发展的重大战略性工作。如果缺乏一个强有力的组织保障和推动,是根本不可能确保标准化体系的成功落地和推进的。

从MUJI(无印良品)、麦当劳、7-Eleven这些优秀企业标准化体系实施的成功案例来看,我们会发现一个共同点,就是这些企业都设有一个专门的组织（标准化委员会）来主导标准化体系的落地和推进。而且这个组织不应是一个临时性组织，是一个长期固定存在的组织。这个组织（标准化委员会）的负责人最好由公司实际负责人（或者公司高层）来担当（见图5-14）。

委员会的建立
◆ 标准化委员会组成人员：来自各个部门，每个部门指定一人。这个人由部门负责人指定，专门负责协调和本部门相关的标准手册的编写

委员会的管理
◆ 标准化委员会由公司负责人（或者公司高层管理人员）担当总负责，承担跨部门的标准手册的协调和标准化体系的整体落地推进和后续有效完善工作

委员会的工作方式
◆ 各部门的标准手册由部门负责人确认后生效，跨部门的标准手册由相关部门负责人全部确认以后生效
◆ 标准化委员会每月召开一次例会，讨论编写执行过程中的问题

图5-14　标准化委员会的构成和工作方式

> 扩展链接

MUJI（无印良品）成功的保障

　　MUJI（无印良品）是一个日本杂货品牌，产品类别以日常用品为主，从铅笔、笔记本、食品到厨房的基本用具都有。其企业名称在日文中意为无品牌标志的好产品，其产品注重纯朴、简洁、环保、以人为本等理念，在包装与产品设计上皆无品牌标志。深究无印良品成功的原因必然离不开其门店工作手册《MUJIGRAM》和《业务规范书》。

一、消灭感性化，实现规范化

每个人在工作中都容易对所接触或从事的事务产生一套自己的评价、判断体系。无印良品则将个人感性和经验主义所带来的负面影响降到了最低。无论是店内布局，还是色彩搭配、员工装束等方面都给予了指导和规范，无印良品的目标是让顾客走进任意一家店铺都能感受到同样的氛围，获得同样的服务。

二、统一"度量衡"，达成标准化

无印良品将自己的服装杂货部门细分成了五个部门，起初，每个部门负责人都按照自己创建的Excel表格来管理自己的部门，因此，向哪个工厂发了多少订单、半成品数量约有多少、何时入库、何时降价等信息全都掌握在各个负责人手中。后来，公司建立了统一的销售状况管理表格，最终成功将库存减少至原来的三分之一。

三、沉淀企业内部知识，注重人才培养

企业在运营过程中必然会在产品设计及销售、店铺经营等方面积累各种经验，倘若企业缺乏工作知识的积累能力和机制，一旦该员工调离岗位或被猎头挖走，将会给企业带来一定的损失和资源浪费。无印良品不但重视并完美地解决了这一问题，同时还探寻出了适合自己的人才培养模式，领导层认为不应该只依赖于从别的地方招聘优秀的人才过来，优秀的人才不会被轻易召集过来，而且真正优秀的人才也不会轻易离开自己的公司。无印良品内部成立了人才委员会和人才培养委员会，

前者负责安排调岗和人员配置,后者负责组织培训计划,主要的目的是培养能胜任岗位的人才。

四、信息共享化,提高工作效率

无印良品内部建立了任务流程可视化以及18:30准时下班的机制。因此,每个任务必须及时上传到企业内部的系统并标明进度,而且信息是多部门共享的。员工进而需要权衡哪项任务该优先处理,又该省去什么工作,如此一来,员工效率得到了提升。

五、注重细节,不断更新

无印良品《业务规范书》厚达6600多页,涉及企业经营的方方面面且表述得十分全面而又详细,如无印良品有五种衣架,工作手册中将每种衣架在使用时该注意的要点均配以图片加以说明。此外,工作手册每月会更新一次,针对工作中新发现的问题会及时增添相关的解决方法,自然而然地,员工也就会在工作时主动寻找可以改善的地方。凭借该手册,无印良品建立起了不依赖于个人悟性或经验的业务机制;让不擅长在人前说话的员工也能在一线负责起接待客人的销售工作;明确员工管理,实现业绩的增长,等等。

七、反复强调,加强执行

事实证明,再好的手册指南,倘若不付诸实际行动也将变成一纸空文,无印良品每周开会都会反复强调指南的重要性,并且每个月进行一次店长考试,以确保《业务规范书》在全国各门店都得到彻底的执行。

商品企划浅谈

▶ 认识商品企划

商品企划是以实现企业利益为出发点，以满足顾客的需求为导向，以提升业绩和利润为目标，从市场营销的角度，对商品需求的各个方面，包括商品总量及商品结构规划、上市波段规划、价格策略、促销规划、库存控制等方面进行详细规划并在此过程中给予必要的指导性意见。商品企划是一套非常成熟的商品规划和管理体系，是为了实现企业既定营销目标而针对商品进行的一系列的规划和管理。要制订一个品牌零售企业的商品企划方案，需要依据企业事先确定的营销目标并结合既有商品的进、销、存数据进行精准分析。

商品企划的特点主要包括如下几个方面：第一，商品企划以规划和指导为主；第二，商品企划的作业范围很广，基本涵盖了所有与商品有关的业务内容；第三，商品企划工作直接对企业的业绩和利润负责，衡量企业商品企划应用水平高低的一个重要指标就是商品的销售业绩和利润回报,这也就促使商品企划部门在企业中处于非常重要的地位。

商品企划工作其实是用感性的思维、理性的框架对商品进行规划和架构,是结合理性分析思考与感性启发设计的一种综合性管理规划方法。商品企划方案中的财务计划、销售计划、供应链计划、营销计划不但需要大量的业务数据,更需要有理性的科学方法作为支撑。商品企划方案中的品牌设计企划(如品牌和商品的名称、标志、风格设计等)、商品设计企划(如商品的款式、功能、材质、外观、色彩等)、销售企划(包括商品组合、投放时间及频次等)则需要有感性的认知与创造力的启发(见图6-1)。

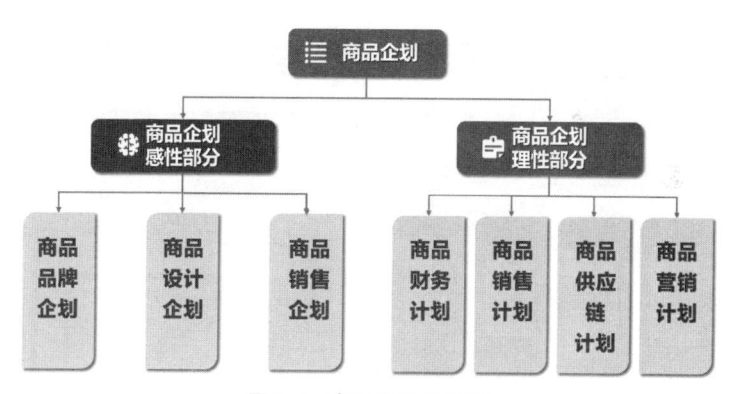

图6-1 商品企划的组成

商品企划的重要性不言而喻,优秀的商品企划方案可以让企业通过科学的方法进行有效的商品决策,其作用重点表现为提升品牌层次、增强商品的价值表现力、赢得顾客的认可和价值回报三个方面。"凡事预则立,不预则废",通过商品企划有目的、有计划地进行资源整合并进行优化配置，充分发挥一切跟企划目标有关的人力、物力、财力、社会及信息资源等积极因素，使其形成合力，以最低的成本创造最大的价值，从而使企业在激烈的市场竞争中找准自身定位，取得优势地位。

▶ 日系零售的商品MD管理

MD为Merchan Dising的简写，意为商品推销、商品规划。MD起初仅针对服装、服饰领域，后来，随着商品MD作用的日渐显现，越来越多的其他领域的企业也纷纷采用MD理念来架构企业内部的商品企划部门（见图6-2）。

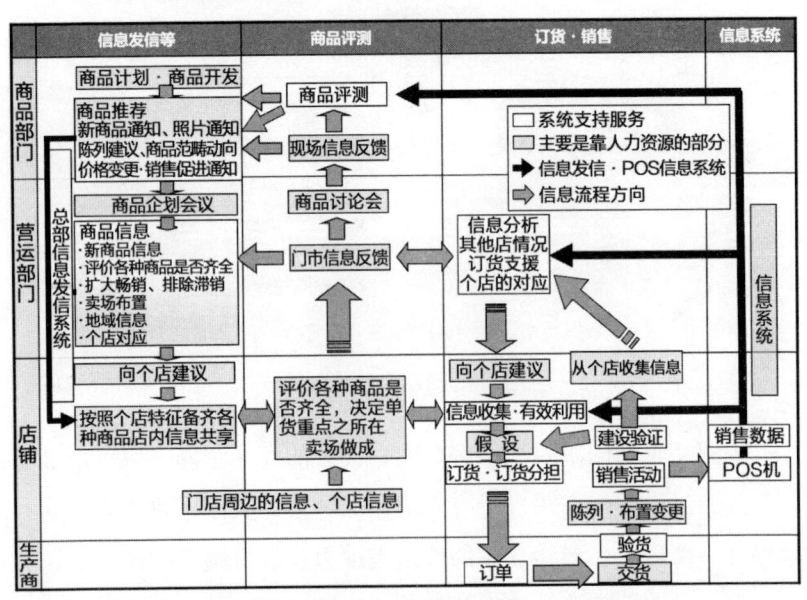

图6-2 日系零售企业的商品MD管理流程

日系零售企业的商品MD管理思路介于传统品牌零售企业的商品企划和商品研发之上，相当于一个品牌统筹的角色，它兼容理性的数据分析和感性的销售预测，用专业经验达到两者的平衡。

▶ 商品企划和商品计划

商品设计工作主要着眼于商品自身，通常由商品研发部门主导该工作，他们会基于商品的品类、款式、数量以及成本的需求规划，结合对市场潮流趋势的了解和认识，最终设计出一个能够满足商品企划要求的商品，同时不断进行商品的更新换代，让商品的内涵和性价比不断优化升级。

商品企划不只是单纯的商品设计问题，也并非某一个部门能够独立支撑和掌管，它服务于品牌的发展战略和品牌整体运营，它是从宏观战略到各项策略的分解实施，可以有效整合企业资源共同协作。因此，我们需要以品牌运营的思维正确地认知商品企划，围绕商品运营的链条，建立一套高效的商品企划管理机制。

▶ 商品企划与品牌管理

对于许多处于发展阶段的国内品牌企业而言，其商品企划工作往往带有浓厚的经验主义色彩，但在竞争和消费质量全面提升的今天，过去的经验已然不再是解决品牌持续发展的重要因素，科学有效的商品企划管理方法对企业而言显得尤为重要。

商品企划要从品牌运营的角度出发，这是品牌企业竞争中的关键，同时也是很多品牌企业的弱项。

一方面，品牌企业追求个性化的特点是由顾客消费动机决定的。消费动机决定了品牌企业要把以标准化商品为主的运营方式逐步转型为以个性化商品为主的运营方式，这是当下国内品牌企业都面临的一个共同问题。但很多品牌企业没有意识到这一点，对品牌个性重视不够，从而让自己的品牌走向了同质化竞争的死胡同。

另一方面，与国际上知名品牌相比较，很多本土品牌企业还只是擅长相对滞后的单个商品开发，不精通单个商品与品牌的品类结构、风格结构、设计元素之间的匹配关系，不太了解消费者结构、渠道结构、市场拓展节奏、消费模式变动节奏和商品之间的关系，更不要说有意识地整合商品研发与市场营销之间的联动模式，而仍然处于营销就是营销、设计就是设计的运营模式之中，甚至还有很多品牌仍在一味地盲从"渠道为王，终端制胜""成交为王"等片面放大某一维度的单一理论，于是，有关品牌的诸多决策、管理和协作都存在错位。

很多品牌企业或许并不缺乏设计管理、商品运作、品牌推广、营销管理这些单独板块的具体运作机制，但缺少的是能够将这些有效串联起来的管理链条。

▶ 商品企划的实施

为了让大家对商品企划的实施过程有一个大致了解，我们特选了品牌服装和连锁便利店两个比较有代表性的业态加以分析说明。

一、品牌服装业态的商品企划实施

品牌服装企业在商品企划实施前期需要收集整理时下流行资讯、市场资讯、竞争资讯等并加以分析，初步确定商品企划的提案。通过设计部门与营销企划部门共同开会讨论，对市场需求、目标客户群、品牌的通路、生产线、竞争对手等进行评估，在概念主题、色彩、材质、风格、波段计划都确定的基础上展开商品设计，之后制订商品的生产、上市、营销等计划。现在较为通用的国内品牌服装企业的商品企划，一般流程如下（见图6-3）。

市场需求调查（Step 1）→ 提交综合分析报告（Step 2）→ 提交商品企划书（Step 3）→ 商品设计的展开（Step 4）→ 产品试生产及评测（Step 5）→ 产品生产和供应计划（Step 6）→ 商品上市计划（Step 7）→ 商品营销计划（Step 8）

图6-3 国内品牌服装业态的商品企划实施流程

1.市场需求调查

品牌服装企业的商品设计部门负责长、短期流行咨询的收集。其中长期咨询主要是指预测性的信息，如色彩、面料、廓形及配饰设计等。长期资讯可为品牌服装企业的发展趋势提供参考。

商品企划部在对市场及竞争对手的资讯进行收集前，首先，要对企业自身的商品销售情况进行分析，针对本季商品的开发，要用前一季或两季的商品销售数据来分析畅销货滞销的原因。其次，要对消费者进行深度分析，准确了解消费者的年龄、职业、收入状况及常出入的生活场所等情况是极为重要的，年龄可用来设定顾客的体态、码数；职业及收入可用来设定顾客消费的水平；常出入的生活场所可用来设定商品比率及推广方式等，这也是很多品牌服装企业容易忽视的问题。

准确定位目标客户群的同时，还要对消费者的消费动态、购物形式的转变、社会议题对消费心理造成的影响等进行分析，并再次对竞争品牌的情况进行分析，以了解竞争品牌的商品动向及新的行销方案等。最后，商品企划部门还须对销售通路进行评估检视，并检视品牌形象、品牌定位是否已通过商品展示得到传达。

当品牌服装企业准备进入下一期的商品企划工作之前，需要充分了解其品牌资源的内部环境和外部环境。包括对商品销售状况的深度分析、销售趋势判断、对消费者进行调研以及分销反馈调研、对市场竞争环境的全面盘点分析，评测企业盈利模式的持续能力以及潜在风险、寻求品牌发展突破瓶颈的决策途径等诸多方面的工作。

这个阶段的企划工作更多的是以品牌运作的思维，从理性的角度来分析和认知品牌在各个维度存在的优势、劣势，分析存在的风险和威胁，进一步寻求发展的突破机会或者应对策略，从而为下一步的战略调整做准备。

2.提交综合分析报告

商品企划部门需要根据前期调研的结果制作并提交最新的包括色彩、面料、社会相关议题等在内的综合分析报告。需要提交对竞争品牌的调研分析报告，此分析报告不能只停留在表层，要对竞争品牌商品的设计、色彩、风格等细节进行深入的研究分析。还需要提交最新的商品结构计划说明及定价策略分析报告。

3.提交商品企划书

商品企划部门要根据前期对市场及消费者调查的分析结果，综合已收集整理的资讯，基于商品企划的概念文案、行销广告文案及零售促销文案等，提出商品企划书，构建核心概念，并围绕此核心收集视觉图像，用图像将商品设计与生活联结，并根据视觉图像讲好商品故事，用故事为顾客营造一个迷人的、让人难以忘怀的印象。

商品企划部在这一阶段还需要不断地对目标人群的反馈信息进行汇总分析，并与商品部门商讨上市计划，不断进行商品上市前的市场调查统计分析，参与商品样品试研制与生产。

4.商品设计的展开

此阶段的相关工作需要由商品设计部主导,但商品企划部仍需要全程介入,及时与设计部门进行商品设计风格和设计细节的讨论。

5.商品试生产及评测

商品设计完成后需要提交给外包工厂进行样品的试生产,然后根据试生产样品进行内部审核,这一步骤特别重要,千万不能省略。样品内部评审会需要由商品管理部、销售部、商品设计部和商品企划部的代表共同参加,这时销售部的代表会站在市场及消费者的立场提出具有建设性的意见。

6.商品生产和供应计划

商品开发设计工作完成后,商品企划部就需要生产部和物流供应链部门共同制订商品的生产和供应计划。

生产计划主要涉及商品的品种、数量、质量、生产期限、生产能力、生产手段、生产步骤以及原材料采购等方面的计划和安排。供应计划主要涉及商品的存储和物流配送相关内容。

制订商品的生产和供应计划时务必要以市场为导向,同时兼顾质量、效益、效率。特别需要注意合理发挥生产力平衡产能并配合商品营销计划有效保障商品供应,减少库存。

7.商品上市计划

商品上市计划包括如何将新商品投放到目标市场;如何进行新商品的铺货;如何消除消费者的顾虑,使其尝试新商品;新商品上市如何做到一举成功。

8.商品促销计划

为确保商品上市的成功,还须根据商品生命周期的特点来制订新商品促销计划,尤其是在新商品导入期,此时,因为新商品的市场需求量少、销售增长缓慢,同类竞争商品也少,所以需要增大商品促销力度,提高新商品知名度。

二、连锁便利店业态的商品开发实施

连锁便利店一般比较推崇基于商品MD的商品开发方法进行商品开发实施。此种开发方法基于一整套的商品营销企划及管理体系。通过这种方法可以了解顾客真正的需求,快速研发导入新商品,淘汰滞销商品,使店铺商品结构不断优化。它可以提供给消费者优良的商品和优质的服务,同时以适中价格扩大商品的价值,使连锁便利店企业在市场竞争中确立领导地位。

国内某连锁便利店企业借鉴日系便利店52周MD商品开发经验,整理出了自有PB类商品开发实施流程(见图6-4)。

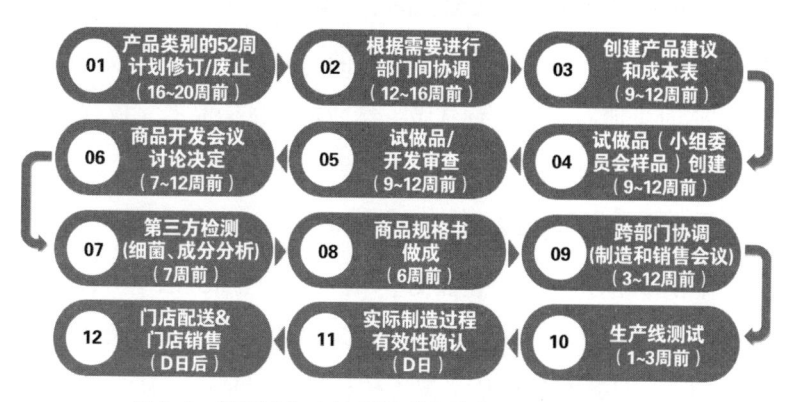

01 产品类别的52周计划修订/废止(16~20周前)	02 根据需要进行部门间协调(12~16周前)	03 创建产品建议和成本表(9~12周前)
06 商品开发会议讨论决定(7~12周前)	05 试做品/开发审查(9~12周前)	04 试做品(小组委员会样品)创建(9~12周前)
07 第三方检测(细菌、成分分析)(7周前)	08 商品规格书做成(6周前)	09 跨部门协调(制造和销售会议)(3~12周前)
12 门店配送&门店销售(D日后)	11 实际制造过程有效性确认(D日)	10 生产线测试(1~3周前)

图6-4 某国内知名连锁便利店的商品开发实施流程

1.产品类别的52周计划修订/废止

此阶段的作业时间为商品上市的前16~20周,主要作业内容有以下两项。

(1)制订年度52周产品发布计划(按产品类别),并召开产品计划评审会议进行审核。

(2)通过倒计算法计算出所需开发日程,对提案商品进行试做,并选择产品的开发供应商。

2.根据需要进行部门间协调

此阶段的作业时间为商品上市的前12~16周,主要作业内容包括事前确认拟定产品的新原料、新技术、新制造方法等。

3.创建产品建议和商品成本表

此阶段的作业时间在商品上市前9~12周,作业内容有创建产品的建议书和成本表,并确定产品概念、售价设定、预估成本的有效性。

4.试做品(小组委员会样品)创建

此阶段的作业时间在商品上市的前9~12周,基于成本计算表和临时手册对产品进行试做,然后根据试做品的完成程度,酌情更改并重新制作。

5.试做品/开发审查

此阶段的作业时间在商品上市的前9~12周,工作内容包括以下两项。

(1)召开商品评价会议(包括销售、制造、质量控制、开发)。

（2）对商品提案条件表中的提案内容进行审批（包括制造成本比、原材料比、加工工序数）。

6.商品开发会议讨论决定

此阶段的作业时间为商品上市的前7~12周，工作内容有以下三项。

（1）商品部门制作商品报告书，并提交会议讨论。

（2）商品开发会议需要对商品报告书给出通过或者需要修改的决策，对于需要修改的商品报告书还需要告知修改内容，以便商品部门在下次商品开发会议上提交讨论。

（3）商品开发会议还需要对同步提交的商品试做样品给出通过或是需要修改的意见，对于需要修改的试作品需要在下次商品开发会议上提交审核。对于需要修正或变更的试做品，必须从头开始，重新制作。

7.第三方检测：细菌、成分分析

此阶段的作业时间为商品上市的前7周，通过具有第三检测资质的机关对商品进行细菌检查和产品成分分析。

8.商品规格书

此阶段的作业时间为商品上市的前6周，创建产品生产标准，并在期限内完成各产品生产和上市各项资质要求的申请。

9.跨部门协调

此阶段的作业时间为商品上市的前3~12周，在每月召开的销售会议中（营业、制造、开发）要对新开发商品的上市销售日程和预测销售数量等相关计划内容确认。

10.生产线测试

此阶段的作业时间为商品上市的前3周，工作内容是对确定要计划上市销售的商品，对其新原料、新技术、新制造法在生产线进行测试性制造生产。

11.实际制造过程有效性确认

在商品上市投放当日，需要对新产品的半成品制造、成品盛装容器、商品商标等具体事项进行最终确认。

12.门店商品配送和销售

最后，要确保新商品能按时在门店进行上架和销售。商品研发人员还有必要对商品门店上架后的销售情况进行跟踪，并及时做出检讨。

零售品类管理

▶ 品类管理的实施步骤

品类管理指把零售企业经营的商品有意识地划分为不同的类别，并把每一类商品作为企业经营战略的基本单元进行管理的一系列过程。品类管理的目的是为消费者创造良好的购物体验、为消费者提供更多样化的产品选择（见图7–1）。

图7–1 品类管理的实施步骤

品类管理的实施由8个步骤节点组成，分别是品类定义、品类角色、品类评估、品类目标、品类策略、品类战术、品类实施和品类回顾。

品类定义。在实施品类管理之前，首先需要规划设定好经营品类的整体结构，品类是确定什么产品组成小组或类别，这往往与消费者的感知有关，应基于对消费者驱动力和购买力的理解，需要注意的是，品类的定义会随着消费者的消费习惯的变化而改变。

品类角色。品类角色指确定每一个细分商品品类在零售企业的整个品类体系中所扮演的角色，不同的品类角色意味着不同的品类策略和品类目标，可以起到树立形象、吸引客流、促进销售的作用。一般情况下，品类分为目的性商品、优先性商品、常规性商品、季节性商品、便利性商品五类。

品类评估。品类评估是通过全面数据信息的收集，深入地分析零售商现状，找出零售商与市场、与竞争对手的差距，找出自己的强项、弱项，并且寻找品类战略发展的机会点，为下一步品类评分和制定品类策略提供数据支持，可以从四个方面对品类进行评估。第一，品类发展趋势评估，包括品类的增长潜力、品类的主要推动力、消费者的消费趋势、购物者的购物行为等。第二，零售商品类销售表现评估，包括零售商总体表现、零售商可比店表现、零售商单店表现等。第三，市场和竞争对手表现评估，包括如下：该品类在市场和竞争对手的增长率分别是多少；零售商通过这些信息与自身比较找到差异；竞争对手的增长点是否与零售商保持一致；竞争对手的产品组合、价格带、包装大小与零售商的差异；等。第四，供应商评估，包括供应商产品及其品牌在市场中的份额、供应商在零售商中的产品销售份额、供应商综合能力评估（配送、现金流、生产能力等）、供应商是否能够给到零售商最大的支持（促销，活动等）、供应商的执行能力等。

品类目标。品类目标是指设定定性与定量的品类管理目标与品类的阶段性发展规划。品类目标的设定需要根据零售企业的当前经营状况及企业中长期发展规划进行设定。品类目标一定要有可执行性，即可以在日常工作中进行量化考核。

品类策略。品类策略是企业为了品类经营角色和目标而制定的，使市场营销策略与次品类、分类或者品牌相匹配，以适应其需要。针对不同的品类角色和目标，要使用不同的品类策略。常见的品类策略有以增进消费者数量为目的的策略、以增进消费行为为目的的策略、以增大利润为目的的策略、以产生现金为目的的策略、以坚守既有市场为目的的策略、以提升品牌形象为目的的策略等。

品类战术。品类战术是指制订特定的品类行动计划以确保品类策略的实现。相对于宏观的品类策略，品类战术更接近零售企业的业务实操层面，品类战术是品类角色定位和品类策略的具体体现。品类战术涵盖的内容非常广泛，凡是与商品管理相关的具体业务操作都属于品类战术的范畴，如品类的商品组合战术、价格战术、促销战术、空间陈列战术、销售战术等。

品类实施。按上述步骤完成品类战术的制定之后，便进入到品类实施落地环节。虽然与品类相关的规划工作都已完毕，但在品类管理的落地实施过程中仍难免会产生很多意想不到的问题和状况，这就需要零售企业内部各部门通力协作来共同克服这些困难和障碍。建议零售企业的品类实施导入最好从选定一个品类开始着手尝试，这样可先行发现品类实施过程中亟须解决的问题，还可以让大家逐步熟悉品类管理的经营模式，累积解决问题的经验。

品类回顾。回顾是对既往工作的总结，品类回顾是一个分阶段评估、监控、调整品类管理方案的过程。一个优秀的品类经理必须能不定期地对其负责的商品品类进行回顾。只有这样，才能促使品类的销售回报和消费者满意度评价达到最佳。

▶ 品类的角色定位分析

对导演而言，要想拍摄一部电影，除了要有一部精彩的剧本之外，在拍摄前还应确定好演员的角色以及各角色之间的主次安排。同理，在销售场景中，不同的品类扮演着不同的角色，品类角色定位便是研究如何对品类进行分工，赋予其在商品体系中合适的角色。品类角色定位决定了零售企业不同品类的优先顺序和重要性以及不同品类之间的资源投入比重和优先性。

要为品类进行角色定位，不仅需要了解品类的属性和现状，对其进行一个全面的分析和研究，还要充分考虑消费者的需求，以确保品类的角色定位与消费者的购买行为相匹配（见图7-2）。

分析视角+分析方法 = 全面分析 ➡ 确定品类角色

确定品类角色的分析视角
- 消费者视角
- 零售商视角
- 整体市场视角

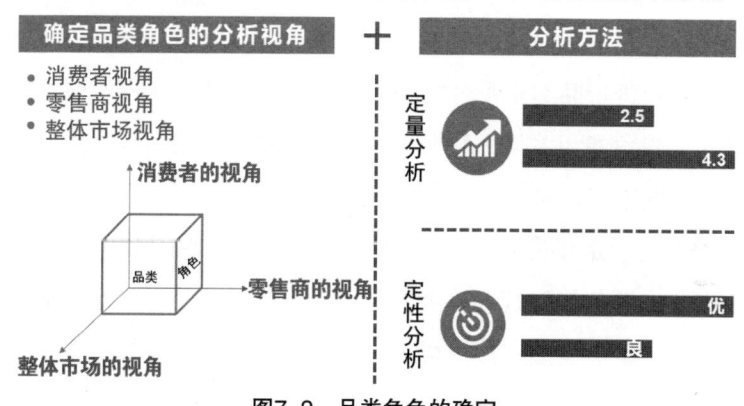

图7-2 品类角色的确定

1.品类角色的分析视角

品类角色的分析视角有三种形式，分别为消费者视角、零售商视角、整体市场视角。

以零售商为导向的品类角色定位，主要是从品类对零售商销售额和利润的贡献来确认它们的角色，此方法是从零售商的销售数据进行考虑，比较快捷方便。

以消费者为导向的品类角色定位，主要是从消费者购买商品的普及程度和购买频率来进行品类角色分配，该方法主要根据零售商的品类表现状况，将品类对购物者的重要性、品类对零售商的重要性、品类对市场的重要性用相应的指标进行衡量。

以整体市场为导向的品类角色定位，主要是从市场发展的需求来确认它们的角色，此方法对品类定位比较全面，既考虑到了顾客的需求,又考虑到了零售商的需求,也不忽略市场发展的需要,是一种比较科学合理的定位方法。

2.品类角色的分析方法

品类角色的分析方法有定量分析和定性分析两种。

要想进行品类定量分析,就需要收集消费者、零售商、市场三个视角的相关指标数据,再依据收集到的指标数据对品类的重要性进行客观的定量分析。

相较于定量分析,定性分析则是一种主观的分析方法,该方法主要依赖评判者的个人经验,需要回答"好不好、能不能"的问题。虽然定性分析是一种主观方法,但同样需要以定量分析收集到的数据作为评判依据。

3.常见的品类角色定位

(1)功能品类定位

功能品类定位是针对产品的功能特点进行定位的方法。企业通过研发与改进产品的功能,满足消费者对产品功能的需求,从而建立起产品的竞争优势。

(2)价格品类定位

价格品类定位是通过产品的价格水平进行定位的方法。企业通过调整产品的价格,以满足不同消费群体的购买需求。

(3)品牌品类定位

品牌品类定位是通过产品的品牌形象进行定位的方法。企业通过塑造独特的品牌形象,建立起消费者对品牌的信任和忠诚度。

(4) 用户品类定位

用户品类定位是通过产品的目标用户群体进行定位的方法。企业通过深入了解目标用户的需求和偏好，开发出符合他们需求的产品。

(5) 地域品类定位

地域品类定位是通过产品在特定地域内的市场表现进行定位的方法。企业通过了解不同地域的消费特点和文化习惯，提供符合当地市场需求的产品。

▶ 超市、便利店的品类角色设置

品类角色的设置没有统一的标准，具体到每一个不同的零售业态、零售企业都可以根据业态特点或企业定位来设置不同的品类角色。

超市和便利店是最常见也是与我们日常生活较为密切的零售业态，他们通常将产品设置为目的性商品、优先性商品、常规性商品、季节性商品、便利性商品五类。

1. 目的性商品

目的性商品品类是门店的标志，当提到某一品类的时候，顾客会在第一时间将某门店作为首选。如说到个人护理品，第一时间就会想到屈臣氏；说到婴儿用品，第一时间就会想到沃尔玛等。

目的性商品品类的特点有：该品类代表零售商门店的形象；该品类对目标顾客群非常重要；该品类在销售增长方面居于所有品类的领先地位；该品类拥有比其他品类更多的资源。

2.优先性商品

优先性商品品类角色指在同业态竞争环境中，相比于竞争对手，可以提供更低的价格或者更好的服务来确立零售企业自身的市场地位的商品品类。

优先性商品品类的特点有：在同业态竞争环境下，可以为零售企业获得更多的目标消费者；在同业态中具有竞争优势，可以为零售企业提供更高的市场占有率和销售增长率。

3.常规性商品

常规性商品品类指用于满足目标消费者的日常购物需求，比如我们常说的鲜食、日用百货、干货等，可以看作相同业态零售商共有的，向顾客提供与其他竞争对手相同的商品服务，以满足消费者多方面需求的品类，品类差异化不大。

常规性商品品类的特点有：该品类在销售额和利润之间提供了平衡；该品类是消费者每日需要的重要品类；该品类的销售及利润占比与其所获得的相关资源比较接近。

4.季节性商品

季节性商品品类指在生产、收购和销售上具有显著季节性特点的商品，每年只在特定季节或区域市场才销售的商品品类。食品类中的月饼、粽子等和大多数服装商品都属于季节类商品。

季节类商品品类的特点有：该品类在某个时期处于领导地位；该品类帮助加强零售商在目标顾客群心目中的形象；该品类给目标顾客群提供频繁的、有竞争力的价值；该品类在利润、现金流和投资回报率方面处于次要地位。

5.便利性商品

便利性商品品类指为满足消费者非计划性购买需求的商品品类，它通过提供超值的价值，强化零售企业全方位服务的门店形象。便利店提供的服务性商品、超市销售的五金工具类商品都可以定位为便利性商品品类。

便利性商品品类的特点有：该品类为额外的"便利性"购买提供机会；该品类加强该零售商的"一站式"购物形象；该品类为利润的增长提供机会（见图7-3）。

品类角色	商品组合策略	货架陈列策略	定价策略	促销策略
目的性商品 Destination	所有的规格 #品类细分 #品牌 #规格	固定的，主要的货架陈列位置保证足够的货架库存	领导性的价格，最好的价值	高频率，多种方式的促销策略
优先性商品 Prefreed	主要的品牌 #品类细分 #主要品牌 #主要规格	主要的，最好的货架陈列位置；足够的货架库存	同业内，更好的价值（性价比）	重点频率，多种方式的促销
常规性商品 Routine	选择品牌 #品类细分 #主要品牌 #主要规格	好的货架位置，足量的货架库存	主要品牌价格至少不低于竞争对手	一般频率，多种方式的促销策略
季节性商品 Seasonal	季节性品牌 #品类细分	适当的货架陈列位置，适量的货架库存	与竞争对手价格接近	根据季节适当进行安排促销频次，多种方式的促销策略
便利性商品 Convenience	选择品牌 #主要规格	适当的货架陈列位置,适当的货架库存 优先安排在顾客容易停留等待或必经之路的位置上	非煽动性价格，随机性购买	一般不做促销

图7-3 超市品类角色设置样例

▶ 品类的规划和调整

品类的规划和调整不但关乎零售企业战略目标的设计与实现，同时还是对零售企业品类经理综合应用能力的考验。对一个零售企业来说，一定不能把品类规划看成一次性或临时性且无关紧要的工作。有些企业甚至直接借鉴或抄袭业内标杆企业的品类规划设置，但每个零售企业都是独一无二的，绝对不可以用其他企业的品类结构来规划本企业的商品。

品类规划的作业流程

一个有效的品类规划不应该只考虑如何为零售企业的管理者提供工作方便，而应更多地考虑如何通过品类规划来提升企业销售力，还要考虑如何更好地服务于消费者需求、如何更好地为消费者提供更好的商品选择、如何更好地为零售企业的供应链优化助力等问题（见图7-4）。

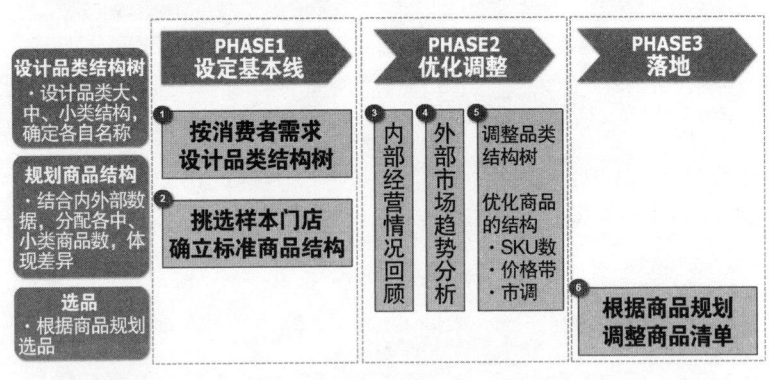

图7-4 品类规划和调整的作业流程

(1)设计品类结构树

在设计品类结构树时,务必要从消费者的购买决策路径及影响消费者购买决策的关键因素来考虑。消费者的购买决策路径来源于消费者的调研结果,调研结果可以通过零售企业的市场营销部门获得,也可以从第三方市场调查公司处获得。

(2)确立标准商品结构

样本门店也叫标准门店,它是综合考量所有门店的营业面积、开业年份、经营业绩等挑选出的具有代表意义的门店。因为样本门店具有广泛代表性,因此,根据样本门店确定的商品结构同样能适用于绝大多数门店。参考样本门店的各项数据指标(如销售额、销售数量、营业面积和陈列资源等)进行企业标准商品结构的设计。设计标准商品结构其实也是锁定零售企业品类结构树各细分品类对应的商品SKU数量。

(3)内部经营情况回顾

内部经营情况回顾就是通过定量和定性的分析方法,对既有品类的各项经营数据和销售表现进行分析评估,为下一步品类结构调整提供决策依据。内部经营情况回顾的数据主要来源于企业的销售系统,包括各分类增长率、销售额、销售量、销售利润率、分类销售占比等。

(4)外部市场趋势分析

外部市场趋势分析是零售企业通过各项外部市场数据来评估判断各品类的发展趋势和销售驱动能力。分析的项目包括各品类的市场容量、增长趋势、主要销售渠道、各品牌厂商的市场份额等。外部市场数据可以通过专业的数据调研机构获得。

（5）品类结构树和商品结构的调整

要想做好品类结构树和商品结构的调整，就需要品类经理能够洞察企业内部的各项经营数据和商品状况，并对整个市场的发展趋势具有十分清晰的认识和了解，并灵活掌握品类调整的相关方法和应用工具（见图7-5）。

华南大区 新中类	货架数 规划	货架数 门店	货架数 优化	货架变动(相比规划)	货架变动(相比门店)	优化调整策略 逻辑和原因（具体分析详见上页）
电饭煲	11	11	11	0	0	保持现状：货架与内外部经营比例，未来增速中
电炊具	4	5	5	+1	0	结构性调整：未来增速低，但目前货架占比偏低
微波炉/烤箱	7	7	5	-2	-2	结构性调整：目前货架占比偏高，且未来增速中
烹饪电器	5	5	5	0	0	布局未来：目前货架占比偏高，但未来增速高
食物料理机	2	2	3	+1	+1	调整+布局未来：目前货架占比偏低，且未来增速高
饮料料理机	6	8	9	+3	+1	调整+布局未来：目前货架占比偏低，且未来增速高
美容/美发电器	4	4	4	-	-	门店专柜/货架不同，统一留位，实操变通
个人清洁电器	4	3	3	-	-	门店专柜/货架不同，统一留位，实操变通
家庭清洁电器	7	6	7	0	+1	布局未来：目前货架占比偏高，且未来增速高
家居日用电器	5	4	3	-2	-1	结构性调整：目前货架占比偏高，且未来增速中
季节性小家电	5	7	8	+3	+1	结构性调整：目前货架占比偏低，未来增速中
总计	62	62	62			

图7-5 某超市品类结构调整结果

（6）选品

选品即零售企业所经营的一个个具体的商品，选品结果直接关系到零售企业的整体销售表现。选品的具体操作方法有很多种，而且不同的零售企业会根据其自身实际的经营状况采用不同的选品方法。通过科学规范化的品类管理，可以使零售企业的发展更加规整有序，以促进企业战略目标的实现。

零售价格管理

▶ 价格战是"毒药"

当下有个很火热的网络流行语"内卷",各行各业的人都在讨论内卷,处于大变革时代下的零售行业成了内卷的重灾区。零售行业的价格战相信大家都不陌生,作为消费者,我们都享受过价格战带来的实惠,加上国内企业竞争同质化情况严重,因此,中国企业更容易爆发价格战,企业通过竞相降低商品的市场价格的方式展开商业竞争。

价格战是市场变化的结果,一些卖家会选择打价格战,通过低价来吸引客户,低价可以为品牌带来极高的关注度和大幅上涨的销量。但这种利好十分短暂甚至有很大的弊端,做营销的人更是明白价格战的杀伤力,以价换量只能获得短期效应,必然不是长久之计。

商家之间为了维持价格战而想方设法降低成本必然会影响到企业的创造力和创新能力,进而导致企业空虚扩大,最后甚至倒闭。最明显的表现就是做产品偷工减料，造成公司产品和服务质量的双向下降。随之而来的问题有，利润率将进一步下降、售后支持的维护成本增加、订单爆炸性增长后的供应问题、为解决供给问题不得不进一步投入人力和设备成本等。微利之下，反而进一步加重了企业负担。

价格战没有赢家，如果说市场份额是一块美味的蛋糕，那么价格战就会让这块蛋糕变味，甚至变质。价格战导致行业内的卖家不断降价以吸引流量，最终只会伤害到自己的利益，甚至有的卖家可能会因为价格战而亏本。所以，价格战不是什么高明的手段，不过是杀敌一千，自损八百而已。

▶ 价值是正道，价格是王道

说到商品价值，很多人会把它和商品价格等同起来，它们之间的实际关系为：价值是价格的基础，价格是价值的货币表现；价格与价值成正比，商品价值量越大则价格越高，商品价值量越小则价格越低；价格不可能无限制上涨或下跌，而是始终围绕价值上下波动。从长远来看，商品的价格总的来说仍然与价值相符合。

一、商品层面的商品价值

商品层面的商品价值是通过商品自身来体现的，它包含商品的用途、性能、质量等诸多方面，消费者购买的初衷是满足某种需求或解决某种问题。

二、市场需求层面的商品价值

俗话说"物以稀为贵",根据经济学中的供求理论,商品的市场价值取决于供给量和需求量之间的平衡。当供给量大于需求量时,价格会下降;当需求量大于供给量时,价格会上涨。因此,要确定某个物品的真实市场价值,需要考虑其供应量和需求量的变化情况。

三、消费者感知层面的商品价值

感知价值指的是消费者对商品的主观认知、情感或感受,除去商品本身及其功能或作用,感知价值包括商品的设计、外观、品牌声誉、购买体验以及商品所带来的个人满足感等。

对于商品而言,价值只是一个概念,价值只有作用到商品上才有意义。商品价值绝不是也不可能由供给方决定,它是由消费需求决定的,也可以说是由消费者愿意为之支付的成本所决定。

虽然商品价格是由商品价值所决定的,是商品价值的量化,但不可否认的是,商品的价格很大程度上决定着消费者的购买意愿,并会影响到市场的供需关系。

商品定价的影响因素及定价策略

一切零售活动的开展都是为了实现零售企业和消费者之间的商品交换。现如今,消费者对于商品的选择和购买渠道远大于以往,这势必给广大零售企业带来新的挑战,零售企业不但要给消费者提供更有吸引力的商品价值,同时还要提供更有竞争力的商品价格。

价格是市场营销中一个十分敏感又十分活跃的因素,企业在定价时要受到企业战略、企业形象、商品促销、成本服务等内部因素以及市场需求、顾客需求、竞争对手、门店位置等外部因素的影响,我们只有充分了解并正确分析这些因素,才能掌握其规律,有针对性地做好营销定价工作(见图8-1)。

内部因素
· 企业战略
· 企业形象
· 企业促销
· 成本服务

商品定价

外部因素
· 市场需求
· 顾客需求
· 竞争对手
· 门店位置

图8-1　影响商品定价的各种因素

价格是消费者购买决策的一个重要影响因素,零售企业要科学地选择合理的定价策略。定价策略指企业为了实现既定营销目标,根据企业的定价目标和定价方法,综合当时市场和商品的具体情况,灵活制定价格的方针、艺术和技巧。目前,国内外零售企业主要采用的定价策略有高/低价格定价策略、稳定价格定价策略和商品生命周期定价策略三种。

一、高/低价格定价策略

为了尽快收回投资,企业以更高的价格将产品投放市场,并配合小规模的促销活动,以达到获取更多利润的目的。本策略适合以下特点的产品:市场规模小,竞争威胁不大;产品的价格需求弹性小,适当的高价可以为消费者所接受;需求相对稳定,对产品需求迫切,不必广泛宣传。

高低定价法常用于销售季节性商品或经常变化产品的零售公司,如服装、装饰和家具等。其好处如下:刺激消费,加速商品周转;同一种商品价格变化可以使其在不同市场上具有吸引力;以一带十,达到连带消费的目的;对于以价格作为竞争武器的零售商而言,稳定的低价政策很难长期保持。

二、稳定价格定价策略

零售商在商品进货成本上附加一个认为合理的毛利,使价格基本保持稳定,不必寻求价格方面的竞争优势,而是寻求丰富的花色品种、销售服务、卖场环境及其他方面的优势,给顾客一种零售商为了弥补必要的经营开支而赚取毛利的印象。其好处如下:稳定价格可以稳定商品销售,从而有利于库存管理和防止脱销;稳定价格可以减少人员开支和其他费用;稳定价格能为顾客提供更优质的服务;稳定价格可以改进日常的管理工作；稳定价格可以保持顾客的忠诚。

三、商品生命周期定价策略

商品生命周期指商品的市场寿命，也就是某一种新的产品从开始进入市场到被市场淘汰的整个过程。零售企业根据商品在不同生命周期的特点有针对性地制定商品的销售价格。

影响生命周期定价的因素由外部因素和内部因素组成。

外部因素主要有竞争对手的价格、市场供需。供不应求的时候，物以稀为贵，价格也会上涨，随着后续卖家的大量进入，价格下降。同样地，当功能类似的新产品出现时，旧产品对买家的吸引力也会下降，降价也是必然的。

内部因素主要有平台月租和佣金、产品成本、运输费用、营销费用、预期利润。

商品的生命周期可以分为导入期、成长期、成熟期、衰退期四个阶段。

商品导入期即商品的上市初期，此时的商品刚刚被引入市场，正处于销售缓慢阶段，因此，该时期的商品定价会直接影响到新品上市的成功与否，此时，可以选用撇脂定价与渗透定价两种定价方式。

撇脂定价。企业将新产品的价格定得尽可能高，随着投入市场时间的增长，商品会变得没有最初那么受欢迎，再逐渐降低商品价格。不同于高低定价法，有些商品的价格是随着时间的推移逐渐降低的。如手机、游戏机、音箱等数码产品，随着时间的推移，由于技术升级等原因，原有的产品就变得不那么智能了。此定价策略有助于企业收回沉没成本。

渗透定价。又称薄利多销，采用此策略的零售企业利用消费者求廉的消费心理，在新商品投放市场之初有意将商品价格定得很低，目的是获取最高的销售量和市场占有率。此定价方式适用于没有显著特色、需求弹性较大的商品。

当商品处于成长期，意味着该商品已经被市场接受，销售利润开始逐渐增加。这时零售企业可以有目的地采取降价策略来激发那些对价格比较敏感的消费者的购买欲望，从而以更大的市场份额获得生存和发展的机会。

当商品处于成熟期，说明商品已经被大多数潜在消费者所接受，销售增长缓慢，零售企业获得利润相对稳定。此时需要随着的商品品种的增加和市场细分变得更加灵活多变。

当商品处在衰退期时，由于市场的不断萎缩，商品销售利润也不断下降，零售企业对该商品的资源投入也会趋向一个最小值。此时，零售企业通常会直接减价促销，追随竞争对手的价格进行调整，将衰退期的商品作为免费或付费赠品，随其他商品进行捆绑销售。

▶ 商品定价方法

定价策略只是商品价格的指导价，并不能直接决定最终的商品价格。要设置商品的具体销售价格，最后还需要通过具体的定价方法来实现（见图8-2）。

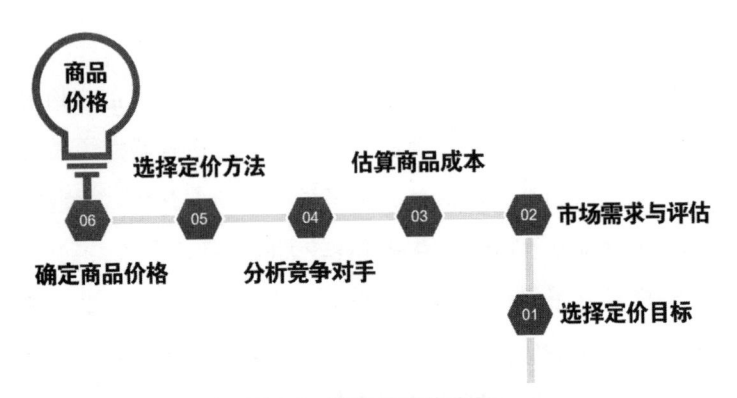

图8-2 商品的定价流程

虽然每个零售企业所采用的定价方法不尽相同，但总结归纳起来可分为以成本为导向、以需求为导向和以竞争为导向的三大类定价方法。

一、以成本为导向

以成本为导向的定价方法，是以商品的采购成本、营销成本和管理成本为商品的定价基础，并综合考量零售企业所应得到的利润回报，成本导向定价法是企业优先需要考虑的方法。成本是企业生产经营过程中所发生的实际耗费，客观上要求通过商品的销售而得到补偿，并且要获得大于其支出的收入，超出的部分表现为企业利润。

（1）完全成本加成定价法

把所有为生产某种产品而发生的耗费均计入成本范围，在此基础上，加上预期利润作为产品销售价格的定价方法，其公式如下。

单位产品价格=单位产品总成本×(1+目标利润率)

示例：某电视机厂生产2000台彩色电视机，总固定成本600万元，每台彩电的变动成本为1000元，确定目标利润率为25%。则确定价格的过程如下。

单位产品固定成本：6000000÷2000=3000元

单位产品变动成本：1000元

单位产品完全成本：3000+1000=4000元

单位产品价格：4000×(1+25%)=5000元

（2）变动成本加成定价法

只把变动成本计入成本范围，在此基础上，加上预期利润作为产品销售价格的定价方法，其公式如下。

单位产品价格=单位变动成本×(1+目标利润率)

示例：某制鞋厂在一定时期内发生固定成本80000元，单位变动成本0.7元，预计销量为10万双。在当时市场条件下，同类产品的价格为1元/双。那么企业是否应该继续生产呢？

其计算过程如下。

固定成本=80000元

变动成本=0.7×100000=70000元

销售收入=1×100000=100000元

企业盈亏=100000-70000-80000=-50000元

按照变动成本定价，企业出现了50000元的亏损，但是作为已经发生的固定成本，在不生产的情况下，已支出了80000元，这说明按变动成本定价时可减少30000元固定成本的损失，并补偿了全部变动成本70000元。若低于变动成本定价,如市场价格降为每双0.7元以下,则企业应该停产,因为此时的销售收入不仅不能补偿固定成本,连变动成本也不能补偿,生产得越多,亏损便越多,企业的生产活动就变得毫无意义。

二、以需求为导向的定价方法

需求导向定价法是以消费者需求为基本依据,以确定或调整企业营销价格的定价方法。引起消费者需求变化的因素很多,如需求价格弹性、消费者价格心理、收入水平等,这些因素在很大程度上影响着消费者对价格的反应。因此,制定价格的合理与否,最终并不取决于生产者或经营者,而是取决于消费者。

1.理解价值定价法

理解价值定价法把消费者对商品的感觉、理解和可接受程度视为评价商品价值的尺度,并以此作为决定商品价格的关键因素和基本依据。如果价格刚好设定在消费者的认知尺度之内,就会更容易达成购买意愿。

(1)高价高质量定价法

高价高质量定价法要能够让消费者将商品价格与商品质量联系在一起。在此前提下,不允许零售企业把商品价格设置得太低,否则容易让消费者把商品与低质量联系在一起。

(2)物美价廉定价法

物美价廉定价法主要适用于大众化商品，尤其是家庭生活日常用品，对于这类我们生活中必不可缺少的、购买极其频繁的商品，采取低价格可以起到吸引客流量的作用。

2.反向定价法

零售企业根据消费者的购买能力来确定商品的市场零售价格，并以此为基础，推定销售成本，决定进货价。反向定价法能反映市场需求情况，以保证上游供货商的正常利润，这有利于形成与上游供货商的良好关系，使商品迅速推向市场，并根据市场供求情况及时调整，定价比较灵活。该方法适用于需求弹性大、花色品种多、商品更新快、市场竞争激烈的商品，以及零售企业新开发的、拟投入市场的新商品。

3.差异定价法

同一商品对不同的细分市场采取不同的价格，是差异化营销策略在价格制定中的体现。此方法所制定的价格通常与成本无关，只是根据不同消费者对同一商品的需求与偏好的强弱差异程度来决定。需求较大的商品，价格可以适当定得高一些。需求差异定价法有利于平衡市场供求关系，可以将低需求转化为高需求，还可以减少资源闲置、加速资本回收，是一种灵活有效的定价方法。

(1)消费者差异定价法

根据消费者对商品价格的敏感程度来设定商品价格。

（2）商品差异定价法

依据消费者对同一种商品的不同颜色、款式的偏好程度来制定不同的商品价格。

（3）地点差异定价法

该种定价法主要根据线下零售门店的不同地理位置（商圈环境）来相应地制定有针对性的价格，这也是为什么机场、火车站等封闭型商圈的商品价格普遍较高的原因。

（4）时间差异定价法

同一种商品在不同季节、不同时期，其销售价格也会不同，比如我们常见的月饼，中秋节前后的销售价格完全不同。

三、以竞争为导向的定价方法

竞争导向定价法以竞争对手的策略、成本、价格和商品销量等作为参考依据，因此，该种定价方法要求零售企业要先研究、了解竞争对手，再根据自身的定价目标和定价策略来确定竞争商品的实际价格。

在竞争导向定价法中，零售企业是以竞争对手的价格为参照，而不是以需求或成本的条件为依据。因此，除非是竞争对手调整了商品价格，否则零售企业不需要因为商品的需求或成本的变化做出反应。

（1）随行就市定价法

随行就市定价法指零售企业在激烈的竞争市场环境中，根据竞争对手的商品价格或市场的平均价格来制定自身商品销售价格的一种定价方法。随行就市定价法在一定程度上代表了某商品在整个行业的平均经营水平。通过这种定价方法可以使各零售企业间的商品价格保持一致，从而有效避免商品恶性价格竞争，这有利于整个行业的健康、稳定发展。

（2）限制进入定价法

限制进入定价法指零售企业的定价低于利润最大化的价格，目的是达到限制其他同类零售企业进入，这是垄断和寡头垄断零售企业经常采用的一种定价方法。例如，甲公司是一家大型化工企业，产品的原材料主要来源于钛铁矿，同行业7家主要竞争对手则以金红石为原料。由于开采成本上升，金红石价格大幅上涨，而钛铁矿的开采成本不变。甲公司利用成本优势立即大幅度扩张生产能力，并且降低产品价格，使得3家竞争对手退出该产品领域，甲公司的市场份额因此提升到50%以上。此后，该行业很长一段时间内没有新的进入者，这是因为企业采用的限制进入定价手段形成了进入障碍。

零售促销管理

促销的形式千变万化，不同零售业态适用的促销方式也各不相同，我们应挖掘和探索促销的本质和价值之所在，一方面应避免踏入常见的促销误区，另一方面要利用好促销这一零售利器。

▶ 促销的定义

促销是营销者向消费者传递有关本企业及产品的各种信息，说服或吸引消费者购买其产品，以达到扩大销售量的目的。促销有广义和狭义之分。

广义上的促销也叫行销或者营销，指企业通过广告宣传、公共关系、人员推销、营业推广等一系列活动达到增加销售的目的。

广告宣传。企业通过一定的媒介物，公开而广泛地向社会介绍企业的营销形式和产品品种、规格、质量、性能、特点、使用方法以及劳务信息的一种宣传方式。

公共关系。企业通过各种活动使社会公众了解本企业并取得他们的信赖和好感，从而为企业创造一种良好的舆论环境和社会环境。

人员推销。是一种既传统又现代的促销方式，指企业派出人员或委托推销人员，亲自向目标顾客对商品或服务进行介绍、推广宣传和销售。

营业推广。营业推广指工商企业在比较大的目标市场中，为刺激早期需求而采取的能够迅速产生鼓励作用、促进商品销售的一种措施。

广义促销的关注点在于与促销相关的各种行销活动，注重的是如何通过行销活动来提升企业品牌或商品的吸引力。所以，广义的促销更多具有营销活动的属性，看重的是长期效果。

狭义的促销也叫销售促进，是传统零售业态（如超市、便利店等）运用降价、折扣、赠品、特卖、抽奖等各种短期诱因来刺激消费者，以增加消费者的购买意愿进而达到销售的目的。狭义的促销聚焦于商品销售行为本身，其对销售的促进作用更加直接且明显。

▶ 促销的作用

促销是一柄双刃剑，它在帮助零售企业达成销售目的同时，也有可能会损害到零售企业，给零售企业带来一些不利影响。

一、促销的正面作用

1.吸引消费者到店

零售企业可以通过促销活动达到吸引消费者到店的目的。某一商品的低价格不仅可以吸引消费者进店，还可以让消费者有机会购买店里其他正常价格的商品，从而打开商品销售的大门。

2.促进销售，提高销售额

促销是在某一特定的时间里给消费者的购买激励，这种激励可以是金钱，可以是商品，也可以是一项附加的服务，但不管怎样的激励方式，其本质都是让消费者在购买商品过程中得到一定的"好处"。在这种"好处"的作用下，促销商品一般会出现销量上的明显增加，并且增加的速度十分快，促销对于长期销售不畅或库存积压商品的销售促进作用尤为明显。

3.加速新产品进入市场的进程

一个新产品特别是没有品牌力量带动的新产品，要想顺利地进入消费者的视野并且使之购买，在当前激烈的市场竞争状态下是比较困难的。一般情况下，因为对新品牌或新产品没有足够的了解，消费者常常对它们抱有怀疑的态度而难以做出积极的反应。通过一些必要的促销措施可以在短时间内为新产品开辟道路。比如，可以让消费者免费使用新产品的样品，借此引起消费者对该产品的兴趣和了解，以消费者的亲身感受来获得对新产品的认同。

4.提高产品知名度，使产品获得更多的注意力

新经济形势下，人们越来越认为正面的注意力本身就是一种财富，获得了注意力便意味着获得了一种持久的财富。促销是通过市场传播，传递企业或产品在性能、特征等方面的信息，帮助顾客认识产品可以带给他们的利益，从而达到引起顾客注意，使其产生兴趣并购买的过程。

5.降低企业内部库存

高库存始终是零售企业面临的大问题，虽然导致库存积压的原因多种多样，但解决高库存的最有效方法之一就是促销。促销活动可以迅速提高消费者的需求量，很好地帮助零售企业消化积压库存，从而减少企业的经营压力。

6.对抗竞争对手

零售市场的竞争日趋激烈，众多零售企业经营者都加入了以促销来争取顾客的行列之中。一项新奇、实惠、有效的促销活动能够增强消费者的购买欲望，同时提高对抗竞争对手的能力。

二、促销的负面作用

促销是一种短期的刺激或激励行为，零售企业的促销活动一般持续数天，至多数周，对消费者而言，正是因为促销活动的时间有限，才能在活动期间最大限度地提升消费者购买商品的积极性，从而达到促进商品销售的目的。如果促销活动的时间过长，或者在一定期限内多次频繁地进行相似内容的促销活动，使促销成为常态，则不管是对促销效果还是商品价值都会带来很大影响。

有个叫"钱大妈"的生鲜企业，他们不卖隔夜肉的经营理念深入人心，只要每天晚上过了七点，商品就开始打折，且每过半个小时再减一折，一直到晚上十一点。这一促销策略让"钱大妈"迅速在广东地区站稳了脚跟，但当"钱大妈"开始向全国扩张时就遇到了一些新问题，有些消费者会特意等到打折时间才到店里消费，这让众多"钱大妈"的店主叫苦不迭。因此，不恰当的促销行为也会给企业带来负面影响。

1. 降低产品价值

频繁的促销活动可能会导致产品在消费者心目中的价值下降，消费者不再关注产品的实际价值，而是习惯于等待促销活动以更低的价格购买产品。

2. 降低品牌形象

一些企业虽然通过频繁的促销手段获取了短期的销售增长，却忽视了品牌形象的塑造和管理，过度的促销活动会给消费者留下企业缺乏信心的印象，进而导致品牌价值下降，损害品牌的形象和声誉。

3. 消费惰性增加

一旦消费者习惯了促销活动带来的优惠，当活动结束时，消费者可能会选择等待下一次促销活动时再购买，从而拖延消费时间，导致企业难以实现持续的销量增长。

4. 利润下降

频繁的促销活动会直接影响企业的利润率。降价、赠品等促销手段虽然可以吸引消费者，但同时也会降低企业的售价和利润。特别是在激烈竞争的市场环境下，企业往往不得不以低价获取较高销量，从而导致经营困难。

综上所述，促销活动既具有积极的一面，也存在一些不利的影响。企业在制定促销活动策略时，需要充分考虑到自身的市场地位和长期发展目标，合理选择合适的促销方式，以减少负面影响，能够实现市场与企业的双赢。同时，消费者也应理性对待促销活动，不仅关注价格优惠，更要关注产品的实际价值。只有这样，促销活动才能持续地为企业和消费者带来实际的利益。

▶ 促销与价格

促销是零售企业在市场营销中面临的一个最灵活、最复杂，也最具挑战性的活动因素。促销需要一定的诱因来刺激消费者的购买行为，以达到销售的目的。促销具有短期性和局限性，关注的焦点在于购买和销售，对商品价格的杠杆作用依赖重。

一、价格和促销具有一致的应用目的

价格与促销具有一致的应用目的，都能帮助零售企业获取更多的利润和资源。促销能让价格变得富有生机和活力，让更多的消费者来接受它。通过促销活动，还可以让商品的价格显

而不露或持续走稳。在一些针对品牌价值发起的促销活动中，通过价格的有力体现，也会给促销带来推波助澜的作用。

二、价格是促销的最终体现

价格不但是促销的灵活应用工具，也是促销的最终体现。通过促销活动，零售企业可以直接引起消费者注意，刺激消费者购买欲望，诱导消费者购买行为。这些直接目的将帮助零售企业实现占领市场、赚取利润的目标。虽然有些促销活动不一定与价格相关（如买赠促销），但一切零售促销活动的最终目的一定需要价格来体现。

三、价格与促销具有相通的融合性

巧妙的定价就融合有促销的理念，成功的促销活动不仅表现在零售企业拥有消费者心目中的美好形象，还体现在促成稳定的购销关系，以保持销量的相对稳定。

▶ 促销的误区

促销是动态营销的一个阶段，是企业形象展示的辅助手段。不管是搞价格促销、赠品促销、还是组合促销，促销绝不是一促了之，要高度重视促销操作过程的规范性，"前车之鉴，后事之师"，下面让我们来一起了解促销常见的三个误区。

误区一：促销活动形式单一

有些零售企业只把促销看成低价打折。在设计促销策略时，企业不会主动去尝试除价格以外的其他促销方式。要知道，想用价格工具来促进销售，一定只能是短期的，企业要在促销过程中谨慎地考察消费者对价格促销还有没有耐心，否则促销不但没有促进消费者消费，反而会引起消费者的反感，使降价促销走入死胡同。

误区二：单纯追求销量

有相当多的零售企业认为促销就是提升销量，他们把销量作为衡量促销效果的唯一标准。然而，促销并不等同于促进销量，促销也不应仅局限于销量的提升，信息传递到达率、新产品认知率、知名度及美誉度的提升指数、品牌形象的强化程度、老客户的忠诚度等指标都应成为零售企业的促销目标。

误区三：忽视对忠诚顾客的培育

促销终究是要吸引客户过来，包括给自己的忠实客户一个回报、把客户从竞争对手那里引过来、刺激新客户前来购买等。客户是零售企业销售的对象，收入的来源，是零售企业的衣食父母。但实际上，很多零售企业在抱怨消费者缺乏忠诚度的同时，却没有认真反思过企业自身有没有将忠诚的消费者和一般的消费者分别对待。

零售企业促销往往都只为了促成消费者购买，没有考虑如何针对不同类型的消费者设计不同类型的促销形式、如何通过促销来增加消费者的复购意愿、如何通过促销来提高消费者的忠诚度等问题。消费者的消费习惯不同、消费行为各异，需要根据实际情况对促销进行细分，以达到更好的效果。

扩展链接

超市促销中存在的问题及解决对策

尽管各大超市的促销手段多种多样，但客观地说还存在一些问题。

一、缺乏特色、抄袭促销

几乎所有超市都把节假日促销当作聚集人气的法宝，一些不为消费者知晓的节日也被提出来大肆渲染。每逢节假日，超市纷纷降价促销，只能以竞相压价的结局而收场。

解决对策：灵活运用各种促销手段，从操作技巧上看，打折、降价要选择正确的促销时机，确定合理的促销期限，明确打折、降价的合理幅度，并采用相应的促销组合。

二、卖场促销的指示牌设计不合理

超市卖场中的指示牌内容要简明扼要，放置的地点要突出。但是有些超市在促销指示牌上的用词不准确，指示不明确，而且很多城市尤其是外国人居住比较集中或者旅游业发达区域的超市指示牌都缺少英文标志。

解决对策：商品指示牌是顾客选购商品作向导和告示的导购设施，尤其是目前一些大超市，购物场所较大、商品种类繁多，指示牌能起到很好的指示作用。通常指示牌上面提供商的品牌、单位售价，有些还标有产地、功效、折扣等，这种指示牌的促销作用是很明显的。若设在超市入口处，则使消费者清楚地知道什么地方有自己需要的商品。同时还会使顾客在没有打算购买这类商品时，看到指示牌上有折价信息而产生购买的欲望。另外，还可以在指示牌上标出温馨的提示语，如"小心地滑""小心碰头"等，给顾客留下良好的印象，进而拉近超市和顾客之间的距离。

二、促销人员对顾客态度忽冷忽热

在超市中经常会遇到这样的状况，当促销人员发现顾客对商品有兴趣时会十分热情地推销，但是一旦发现顾客无意购买时，态度立刻改变，甚至冷言冷语，这非常影响消费者对超市的印象。

解决对策：一般来说，促销队伍可以分为专职促销和兼职促销，虽然兼职促销队伍随机性强，可以现用现招聘，但是他们对企业、产品及心态的把握差，在聘用兼职促销员时，除了要进行专业知识的培训外，还要对他们进行企业文化交流，让他们接受公司的文化，使他们的价值观与企业的价值观一致，这样才能从本质上提升他们的工作积极性和热情。

四、缺乏促销主题，促销盲目

在完全竞争条件下，商品买卖完全是自主自愿的，一方面，商场超市不可能完全清楚谁需要什么商品、何地需要、何时需要、何种价格能让消费者愿意接受；另一方面，广大消费者也不可能完全了解什么商品超市供应、何地供应、何时供应、价格高低。正因为销售者与消费者间信息分离的"卖""买"矛盾的客观存在,超市必须通过沟通达到促销的目的,进而确定促销的鲜明主题。

解决对策:一个良好的促销主题往往会产生画龙点睛的震撼效果,所以应针对整个促销内容拟定具有吸引力的促销主题。首先,促销内容、促销方式和促销口号要富有新意;其次,主题要简单明确,最好确定一个有购买诱因的促销主题,如利用节假日、纪念日和新品上市作为活动的理由,不然会给顾客留下低价甩卖、产品销售不畅等错觉。

▶ 促销的时机

要做好促销活动必定要解决"何时开展促销"的问题,恰当的促销时机能让零售企业在促销活动中收获到预期的效果。

1.与商品有关的促销时机

(1)新商品投入市场时

促销能够加快新商品的市场导入,提升商品的市场知名度,使消费者能更好地了解新商品并进行消费。

(2)商品的市场占有率降低时

当商品的市场占有率出现降低趋势时,促销活动可以帮助提高该商品的市场占有率。

（3）需要提高商品的市场占有率时

此时的促销活动有助于零售企业实现提高市场占有率的目标。

（4）品牌或商品的广告效益较低时

当企业发现品牌或商品的广告效益降低时，可以配合其他形式的促销活动来弥补广告促销的缺陷。

2.与消费者有关的促销时机

（1）当目标消费者的忠诚度下降时

针对消费者忠诚度下降的问题，企业要引起高度重视并采取适当的促销手段，以提高他们购买的频率。

（2）当零售企业计划扩大消费者群体时

企业可以通过不同的促销策略来吸引不同类型的客户群体。

3.与竞争对手有关的促销时机

（1）当竞争对手积极开展促销活动时

为了保证自己的利益，可开展更加丰富的具有竞争力的促销活动。

（2）在零售企业进行新的市场开拓时

为了与竞争对手争夺市场，应当开展适当的促销活动。

4.与节日相关的促销时机

在我国，除了传统节日、国家法定节假日、国际性的节日之外，还有如"双十一"这种由商家指定的大型购物促销狂欢日。这些特定时期都是零售企业发起促销活动的绝佳时机。

5.与事件相关的促销时机

利用特殊事件来开展促销活动，如超市店庆的促销活动，因为店庆属于超市独有的促销时机，竞争对手难以跟进，该时机需要企业重点把握。

6.与季节相关的促销时机

商家可以根据不同季节的特点来制定相应的促销活动以吸引更多的顾客进店购买，提高销售额和市场竞争力。

▶ 促销的方式

1.价格驱动的促销方式

（1）降价/打折

打折促销是一种常见的促销手段，通过降低商品价格来吸引消费者购买。打折促销可以是定额折扣，比如"8折""半价"等，也可以是满减折扣，比如"满100元减20元""满3件打8折"等。打折促销能够直接降低消费者购买商品的成本，激发消费欲望，提高销售量。

（2）优惠券/抵用券/代金券

这一类型的促销方式主要指商品原价不变，消费者可以通过利用优惠券、抵用券、代金券的形式获得自己的专属优惠。这种促销方式在满足消费者获取优惠心理的同时又不会降低消费者对商品的价值认知和定位，而且优惠券、抵用券、代金券往往需要消费者付出一定的成本才能获得，无形之中也能满足消费者的优越感。

不过零售企业在进行此种类型的促销活动时，一定要注意精心遴选活动参与对象，并限定活动的参与条件，通过制造稀缺感来促进消费。有些零售企业只限定新用户领取或者仅对老用户开放，有些零售企业经常针对"高级VIP会员群"发放优惠券。

（3）满减/满赠

满减指当单笔消费满足不同的金额区间时，可以获得一定的优惠（减金额/打折）；满送指在单笔消费满足不同的金额区间后，就可以获得一定价值的赠送（送商品/送券）。

满减/满赠关键在于合理的满额梯度设置。因为满减/满赠的"满"决定了可以享受优惠的门槛，如果门槛过低，消费者很容易到达，便无法刺激消费者购买更多的产品，提升客单价。相反地，如果门槛过高则会导致消费者因凑单成本过高而丧失购买欲望。

（4）秒杀/限时/限量

秒杀是随着线上零售的兴起而流行起来的，秒杀和限时、限量均属于限制性促销方式的一种，消费者只能在规定的时间内享受优惠价格或特殊权益。秒杀是"限时+限量+限价"的综合应用。

限时促销可以是每日特价、周末特惠、节假日促销等。限时促销通过时间限制，刺激消费者及时购买，避免拖延和犹豫消费的情况发生，以增加销售效果。

2.商品驱动的促销方式

（1）买赠/赠送促销方式

买赠促销是顾客购买商品时，通过给予消费者额外的产品或者服务来直接提高商品的价值，其中赠品的选择尤为重要，所赠物品不一定昂贵，但一定要恰当。要确定企业的目标市场或产品的目标消费群，并将其作为赠送活动的地点或对象，要把握主要目标消费群的心理特征，采取充分满足其心理需求的赠送方式。

（2）商品组合促销方式

这种促销方式也叫"捆绑销售"，即将一种商品与另一种商品捆绑在一起，再重新定价或按照以前某一商品价进行销售。常见的商品组合促销分为两种，一种是同类商品多个组合促销，如某一品牌牛奶任选两件打八折，另一种是不同类型的商品组合在一起"捆绑销售"，如买盒饭加一元送饮料。

促销是一门创新的学问，本书介绍的促销方式只是一些常见的促销方式。零售企业应该结合自身状况选用合适的促销方式。不过我们还是希望能看到更多的零售企业抛开这些传统促销方式，不断组合或者创造出全新的促销方式来吸引消费者。

▶ 促销的活动策划

促销活动的设计和执行并不复杂，难的是如何确保促销活动达到预期效果，这就需要考验促销活动策划人员的全面规划能力和细节设计能力。

促销活动方案是促销成败的关键要素，促销活动方案不可以一蹴而就，从促销活动的方案策划到执行反馈要有一整套作业流程，以确保促销活动的成功执行（见图9-1）。

促销活动目标市场确定 → 促销活动目标确定 → 促销活动方式确定 → 促销活动方案制订和完善 → 促销活动方案说明和审批 → 促销活动执行准备 → 促销活动执行和管控 → 促销活动效果评估

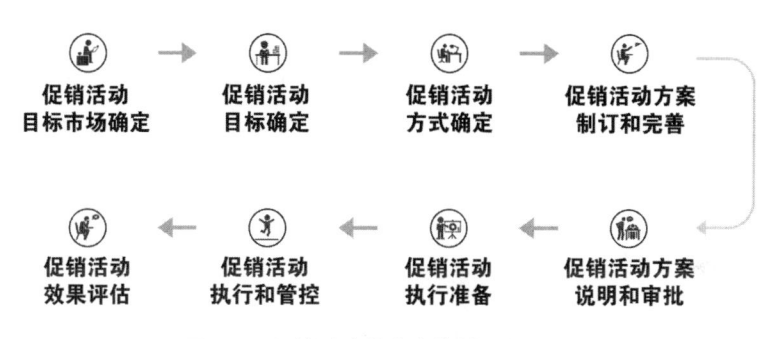

图9-1　促销活动的方案策划和执行流程

1.促销活动目标市场确定

所谓确定目标市场就是确定促销活动所针对的特定消费者群体。零售企业在设计促销活动前，首先要对整个市场环境进行分析，要能有效识别出哪些顾客群体需要这些商品，哪些顾客群体可能会对企业的促销活动感兴趣。只有认准了目标消费群体，才能采取最为有效的促销手段，从而与潜在消费者进行沟通互动，并在沟通过程中传达最适合的促销信息。

2.促销活动目标确定

促销活动的目标包括销售业绩提升的有形目标和品牌价值提升的无形目标。建立促销活动目标是促销活动策划的基础和前提，也是促销活动结果评估的标准和依据。

3.促销活动方式确定

促销方式的选择取决于多种因素，如目标市场类型、促销目标、市场竞争状况、促销投入的资源多少等。作为促销活动的策划者必须选择最有效的促销手段，以使促销的目标顺利达成。如想获得广泛的传播效果宜采取广告促销方式；想在短期内击败竞争对手宜采取低价促销方式；想获得长期效果宜采取公共关系促销，等等。

4.促销活动方案的制订和完善

（1）促销的范围

包括参与促销的商品范围和促销门店（市场）范围。

（2）促销的诱因

选择和确定促销方案对市场及目标消费者的刺激程度，也就是促销的活动力度。

（3）促销的时间

促销时间的决策具体包括促销时机、活动期限和促销频率三个方面内容。

（4）促销的参与条件

也就是说哪些人能参与促销？怎么参与促销？

（5）促销的宣传方式

通过哪些媒体和渠道向潜在消费者传递促销的信息。

（6）促销的费用预算

包括直接应用于商品的促销费用预算和应用于整体促销活动本身的相关费用预算等。

5.促销活动方案说明和审批

将制订好的促销方案在公司内部进行报批，目的是得到公司的认可并取得公司在资金预算和相关资源上的支持和投入，同时还要得到促销执行部门的理解和配合，以共同推进后续各项相关工作的顺利执行。

6.促销活动执行准备

（1）货品准备

充分考虑配合周期，提前备好货品，避免因缺货影响业绩。

（2）物料准备

礼品、活动道具、产品及活动宣传材料、陈列道具等，都应该在这个时间段按要求准备好。

（3）宣传准备

要准备足够的宣传单，商场要争取在商场门口的宣传栏做宣传。

（4）推广准备

可以与当地的媒体和机构（如电台、电视台、网站等）达成合作推广。

（5）培训与学习准备

认真学习有关促销的知识和技能，员工要熟练掌握销售话术。

（6）员工心态准备

做好促销当月及活动期间目标分解，做好促销前动员工作，制订激励计划，激发员工激情。

7.促销活动执行和管控

店外、店里、店内是关键的"三度空间"，店长要非常清楚什么样的地方做什么样的事。

促销活动效果的好坏很大程度上取决于执行。在促销活动的执行过程中要注意收集市场与消费者的反馈，不断对实施过程进行监控，并及时进行工作调整。

8.促销活动效果评估

促销活动结束后要及时进行促销效果评估，对促销策划方案做出评估和调整不仅是为了调整那些效果不佳的促销手段，更重要的是为了使以后制订的促销活动方案更有效地为实现促销目标服务。

只有通过促销活动策划人员和促销活动的执行人员紧密配合，才能将促销的作用最大化，才能有力促进门店销售，使零售企业从市场中脱颖而出（见图9-2）。

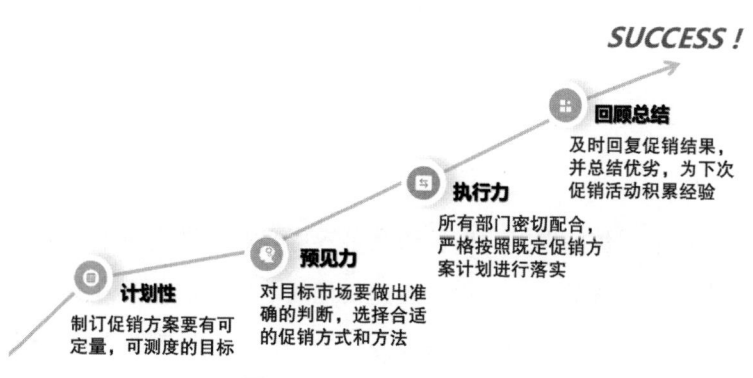

SUCCESS！

回顾总结
及时回复促销结果，并总结优劣，为下次促销活动积累经验

执行力
所有部门密切配合，严格按照既定促销方案计划进行落实

预见力
对目标市场要做出准确的判断，选择合适的促销方式和方法

计划性
制订促销方案要有可定量、可测度的目标

图9-2 促销成功的四要素

零售供应链管理核心

线上零售的爆发式增长给众多零售企业的供应链体系建设带来了严峻挑战,一方面,迅速变化的消费需求市场为零售企业带来了庞大的滞销和呆滞库存。另一方面,过剩的库存不仅造成了企业的资金占用,还增加了企业的仓储物流成本和销毁处置费用。

对零售企业来说,不管是对消费需求的高效应对,还是对库存成本的有效控制,抑或是物流效率的快速提升,解决这些问题都离不开供应链。因此,打造一套强有力的零售供应链体系不但是零售企业普遍面临的重大课题,也是整个零售行业竞争的焦点之一。

▶ 供应链的定义

随着市场环境的不断变化,供应链的概念和内容也在不断地扩充和发展,人们对于供应链的理解和研究也在不断地完善。全球供应链论坛(Global Supply Chain Forum,GSCF)将供应链定义为"为消费者带来有价值的产品、服务以及信息，从源头供应商到最终消费者的集成业务流程"。换句话说，供应链指将产品或服务提供给最终消费者的整个活动过程中所涉及的上游、中游和下游相关企业构成的网络。它从原材料采购开始，历经供应商、制造商、分销商、运输商、仓储公司及零售商等，直至到达消费者端的整个运作过程（见图10-1）。

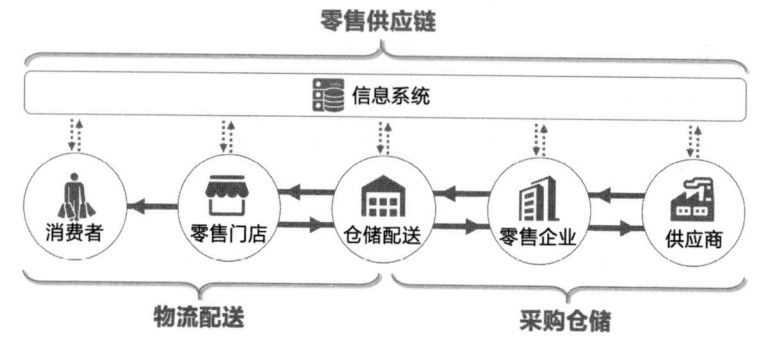

图10-1 零售供应链的业务环节

1.广义（外部）供应链

广义供应链是面向产业链大多数企业提供共性服务，企业与企业之间合作，服务提供者没有直接参与交易或只是少量参与，整个服务是开放性的，主要面向市场、面向产业链。广义供应链至少需要包含以下几个模块才能构成一个相对完整的广义供应链体系。

采购。采购管理是企业物料管理的一个重要组成部分，指企业在一定的条件下，从供应市场获取产品或服务作为企业资源，以保证企业生产及经营活动正常开展的一项企业经营活动。不同行业有不同的划分和称谓，如寻源采购、订单采购、战略采购、综合采购等。

物流。由商品的运输、服务、配送、仓储、包装、搬运装卸、流通加工以及相关的物流信息等环节构成，是供应链活动的一部分，是为了满足客户需要而对商品、服务以及相关信息从产地到消费地的高效、低成本流动和储存进行的规划、实施与控制的过程。物流以仓储为中心，促进生产与市场保持同步。

生产/制造。是生产企业整合相关的生产资源，按预定目标进行系统性的从前端概念设计到产品实现的物化过程。

计划。计划分为需求计划、销售与运营计划等。其中，需求计划可以帮助企业预测未来需求，并根据预测进行产品或服务的自定义产出。需求计划力求达到并保持有效的供给平衡，仓库的库存正好能够满足需求所指出的产品数量，而没有多余库存。销售与运营计划的内容相当丰富，涉及企业经营和企业运营管理等多个方向的议题，包括中长期计划的制订和执行、需求与供应的平衡、订单履行策略的实施、库存与服务水平的调整等。

客服。是指客户服务工作，如接受顾客咨询、帮助顾客解答疑惑等。总的来说，客服的主要工作内容包括意见处理、资料管理、技术支持、内部合作、顾客需求分析等。

研发。越来越多的企业认识到研发管理不能只从企业自身的范畴进行考虑，还要从供应链的范畴进行考虑。1992年，IBM在激烈的市场竞争中遭遇到了严重的财政困难。经分析，

IBM发现他们在研发费用、研发损失费用和产品上市时间等方面远远落后于业界最佳。为了重新获得市场竞争优势,IBM提出将产品上市时间压缩一半,并在不影响产品开发的情况下将研发费用减少一半。为了达成此目标,IBM公司率先应用了集成产品开发(IPD)方法,在综合许多业界最佳实践要素的框架基础上,从流程重整和产品重整两个方面来实现缩短产品上市时间、提高产品利润、有效进行产品开发、为顾客和股东提供更大价值的目标。

质量。与单个企业相比,供应链的组织结构和业务流程存在明显的动态性,因而在供应链环境下,质量管理的手段与方法须能够适应其动态性。

在供应链环境下,产品的生产、销售、售后服务由供应链成员企业共同完成,那么产品质量客观上也应由供应链全体成员共同保证和实现,因此,供应链质量管理就是对分布在整个供应链范围内的产品质量的产生、形成和实现过程进行管理,从而实现供应链环境下的产品质量控制与质量保证。所以,构建一个完整有效的供应链质量保证体系,确保供应链具有持续且稳定的质量保证能力,能够快速响应用户和市场的需求,并提供优质的产品和服务,是供应链质量管理的主要内容。

设备。包括设备的采购、安装、调试、维护、保养等。

2.狭义(内部)供应链

相对于广义供应链,狭义供应链主要研究的是企业内部的供应链,例如,核心企业建立采购平台,虽然有商品交易,也有金融融资服务,还为上游供货商提供资金融通服务,但该企业主要服务于自己的交易，还顺带解决了上游供货商融资难的问题。狭义供应链的主要内容和管理重点集中在计划、采购、物流三个模块。

▶ 供应链的计划和协同

1.供应链计划

所谓供应链计划包括需求计划、生产计划、物料计划、物流计划、库存计划等，解决的是需求的明晰、调整、发布、管理等几个维度的业务。在零售业态中，与零售供应链相关的各种计划都需要与零售终端的销售状况紧密结合，零售企业需要把供应链的计划管理与前期的营业计划、产品计划等一并提升到整个企业的计划管理战略层面进行全盘统筹并协调管理。

2.供应链协同

供应链协同指供应链的各节点企业通过协议或联合组织等方式结成一种网络式联合体，围绕提高供应链的整体竞争力而进行的彼此协调与合作。其前提为各成员企业的相互信任、协同决策与合作共赢的意识，其基础为各成员企业的信息及知识创新成果的交流共享、无缝衔接的供应链流程以及共同的战略目标。

▶ 供应链和物流、产品流、信息流、资金流

1. 供应链和物流

物流只是整个供应链业务链条中的一个组成部分，但在供应链管理实践中，还是有很多人下意识地把供应链和物流两个概念等同起来，认为供应链就是物流，供应链管理就是物流管理。实际上，物流和供应链是两个完全不同的概念，两者无论是在定义的内涵上，还是在具体的管理运作上都存在着很大的区别。供应链是对企业业务、资源的继承和一体化整合，是对企业整个业务领域中各个节点的产品流、信息流、资金流的集成。虽然从表面上看，物流的确是供应链一项重要的基本功能，但从供应链的运行基本特征上来看，供应链更关心的是产品所有权转移，即关注产品的价值流、资金流和信息流的运转，而物流则更专注于产品的空间位置移动，即物的流动。

物就是产品，物就是库存。对零售企业而言，物的流动指的是产品在零售企业所主导的供应链领域范畴中不同地理位置之间的流动，是实时可见的变化。物流绝不可能是供应链的全部内容，因为物流需要供应链背后的产品流、信息流和资金流来支持。

2. 供应链与产品流、信息流、资金流

随着企业对于供应链管理的重视，越来越多的企业都在以不同的方式来优化企业供应链管理。所谓供应链管理指构成供

应链的核心企业对整个供应链中的产品流、信息流、资金流以及贸易伙伴关系等内容进行一系列的组织、计划、协调、控制和优化的现代化管理。

所谓供应链其实并不是一条"链",它是由所有与产品相关的原料采购、生产、配送直至终端销售环节中所涉及的上游、中游和下游企业一起构成的一个网络。在这个网络中,产品从生产端逐步流向最终用户端,资金则按照产品流的相反方向进行流动,信息流是在整个供应链中双向甚至是多向流动着的。供应链的综合管理实际上也是对产品流、信息流、资金流进行统一管理的过程。

(1) 产品流

顾名思义,产品流指供应链中产品的实际物理流动,它涉及产品采购、生产、仓储、运输、配送等环节。产品流管理的重点和核心就是如何以最经济、最有效的方式进行采购、运输和销售。例如,对沃尔玛而言,在哪里开店?在哪里选择供应商?在哪里设置配货中心?这些问题都需要综合考量,目的是让企业的生产、仓储、运输、销售的综合成本降到最低。由此可见,供应链存在的基础就是产品流,而物流、信息流和资金流都是附加在产品流上才能产生和实现的。

我们之所以将其定义为产品流,而不是物流,是基于以下两方面原因。

一方面,从概念上讲,物流只是产品流的重要组成部分,但又不是产品流的全部。物流本质上只包含产品的运输、存储、配送等环节，并不涉及产品增值，如一台电脑，不管是在美国还是在中国，它就是一台电脑，不会因为其运输所在地的改变而使其性能发生改变。产品流则除了包含物流以外，还包含产品的增值过程，例如，零售企业在仓库或门店内对产品进行分拣、组合、再包装等作业内容都属于产品流的范畴。

另一方面，产品流也不是物流的全部，因为物流不但包括产品的流动、存储，也包括与之而来的信息流等。

（2）信息流

信息流与产品流、资金流结伴而行，可以看作供应链的神经系统，支配产品流和资金流的运作。例如，要寄一个包裹，填写的表格是为沟通信息，包裹的流动形成产品流，表格的流动形成信息流。对一个多重、复杂的供应链，信息数据的有效流动非常重要，也比产品流更难管理。对于供应链管理来说，我们更多的时候实际上是在跟信息打交道。信息流来自信息的流动，而信息来自数据。如何确保数据的准确性并从中提炼出合适的信息是供应链管理者的一项重要任务。对数据和信息内容的掌控就是对供应链的综合掌控，这也是为什么供应链的改进经常从信息系统的改进入手的原因。

（3）资金流

资金流是盘活整个供应链的关键，很多情况下，资金流问题与库存问题并存，而库存又与信息流息息相关，假若需求预测信息延时传递将导致供应链预测结果失真、放大，从而造成整条供应链过量生产、过度扩张、库存积压，进而导致资金积压严重。或者采购方因为商业原因故意隐瞒市场数据，又或者因为担心供应商的产能不足而故意拔高预测，这些都会导致供应商过度生产、库存积压。

所以，资金流问题往往取决于信息流的解决方案，通过鼓励供应链相关合作伙伴及时、准确地共享信息，减小库存、减小资金积压，从而盘活整个供应链。

其实，不同业态的零售企业对供应链管理中的产品流、信息流、资金流都有着不同的认识和管理侧重点，但有一点必须达成一致，那就是一定要从企业供应链的整体和全局角度来看待供应链的产品流、信息流和资金流，这就是供应链管理的核心之所在。

▶ 零售供应链管理核心

供应链管理是一种集成式的管理思想和方法，它通过前馈的信息流和反馈的物流及产品流将供应商、制造商、分销商、零售商以及最终用户连成一个整体。零售企业可以通过供应链管理将企业内部的核心业务单元如订单、采购、库存、计划、质量、运输、市场、销售、服务以及财务活动、人事管理等均纳入供应链进行整体统筹规划和管理。

零售企业应通过零售供应链管理来有效整合所有与之相关的上、下游企业，使得彼此之间能有效地进行信息互通和业务协调，消灭零售供应链环节上的一切非增值成本，提升零售企业供应链的运行效率和竞争价值，更好地为零售企业的最终用户提供服务。

从零售供应链的角度来看，一件产品从制造环节产生，经过零售企业采购收货，再经过物流仓储配送来到门店销售（或分销），最终到达消费者手中，其中需要历经多个供应链业务环节。在这一整个供应链体系中，供应链的"链主"只有一个，那就是始终处于"C"位的零售企业自身。

一个零售企业的供应链是由多个相对独立的企业构成的，试想，如果其中没有一个核心企业来发挥供应链的主导作用，任由供应链的各家企业各自为政，各顾各的利益，那么必定会出现很大的问题。不过要想成为供应链的"链主"，就必须具备两个硬性条件：第一，只有掌握供应链核心价值的企业才能成为"链主"。第二，供应链的"链主"必须有能力来协调和掌握整个供应链的运营。零售供应链的特性决定了零售企业不但要使自己成为整个零售供应链的核心，还要使零售门店成为供应链的运营中心，因为零售供应链的价值体现是通过零售终端渠道（门店）的销售来实现的，打造零售供应链的目的也是满足零售终端渠道（门店）的销售和运营。零售供应链是为零售服务的，因此，零售供应链的运营目标应该和零售企业的运营目标保持一致，即能更好地满足消费者的需求（见图10-2）。

```
┌─────────────── 信息系统 ───────────────┐
消费者 ← 零售门店 ← 仓储配送 ← 零售企业 ← 供应商
```

❶ 需求管理和需求预测
❷ 库存管理和库存控制
❸ 门店补货和物流配送

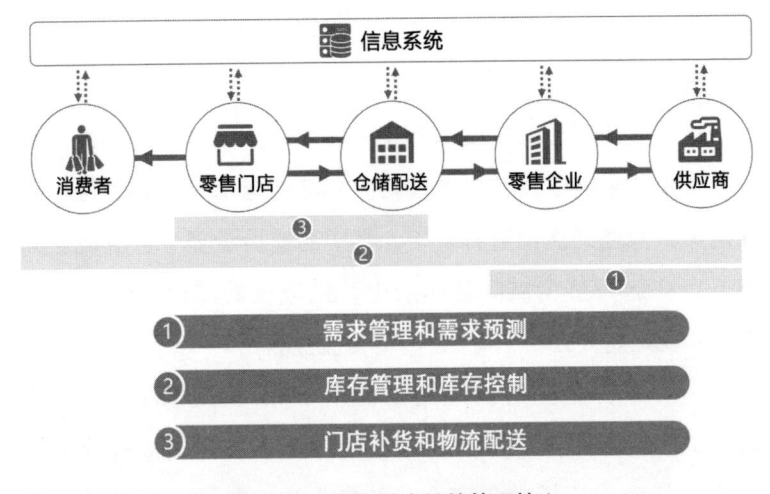

图10-2　零售供应链的管理核心

供应链管理核心之一：需求管理和需求预测

需求分为独立需求（变化无常、极难预测）和引申需求（具有很高的可计划性）两种。

独立需求。由终端消费者引起的对产品的需求，供应链中为终端消费者提供直接服务的企业面对的便是独立需求。

引申需求。不是终端消费者的需求，是供应链中其他企业为了满足供应链中前方企业的需求所导致的。

需求管理是运用各种市场工具去影响需求并对需求进行有效的管理，从而使企业及供应链的价值最大化。

需求预测是对所有部门需求进行的规划和控制，是对未来需求的预期，它是供应链中所有战略性和规划性决策的基础，所以，需求预测水平对企业整体至关重要。

供应链管理核心之二：库存管理和库存控制

仓储配送是零售供应链的关键节点，直接为零售门店提供保障，使零售终端渠道（门店）能够迅速及时地满足消费者的需求。要想使仓储配送的功能有效发挥，就必须根据供应链的整体状况做出有效的库存管控。同时，仓库配送内部的仓储运营管理的能力非常关键，它直接关系到供应链仓储配送效能的发挥。

供应链管理核心之三：门店补货和物流配送

零售终端（门店）作为零售供应链的核心运营节点，是零售供应链的服务目标，要优先采取措施以确保终端供应链的有效运行，并确保终端（门店）能够得到及时的配送补货，进而构建高效有序的终端物流配送体系，这是保障零售终端（门店）适时配送补货的唯一途径。

一、需求管理和需求预测

供应链管理应用实践中有个被众多知名企业广泛应用的高级决策工具叫S&OP：销售与运营规划流程。该流程涉及中长期计划的制订和执行、需求与供应的平衡、订单履行策略的实施、库存与服务水平的调整等，但其中的核心还是在于如何通过该流程把企业的销售与供应链串联起来。事实证明，那些成功实施S&OP的企业，基本上是由供应链管理部门来主导该流程的（见图10-3）。

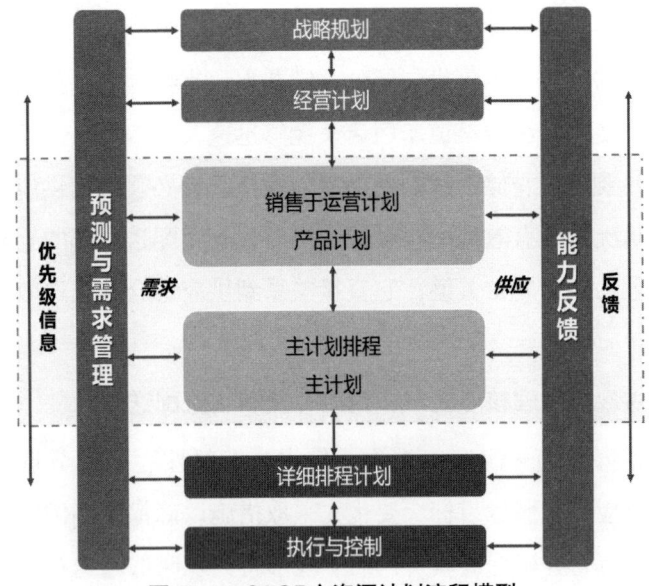

```
                    ┌─────────────┐
         ┌──────────│  战略规划    │──────────┐
         │          └─────────────┘          │
         │          ┌─────────────┐          │
         │──────────│  经营计划    │──────────│
    ┌────┤          └─────────────┘          ├────┐
    │预  │          ┌─────────────┐          │能  │
    │测  │          │ 销售于运营计划│          │力  │
    │与  │──────────│  产品计划    │──────────│反  │
优先│需  │ 需求     └─────────────┘    供应  │馈  │反
级  │求  │          ┌─────────────┐          │    │馈
信息│管  │──────────│  主计划排程  │──────────│    │
    │理  │          │   主计划    │          │    │
    └────┤          └─────────────┘          ├────┘
         │          ┌─────────────┐          │
         │──────────│ 详细排程计划 │──────────│
         │          └─────────────┘          │
         │          ┌─────────────┐          │
         └──────────│  执行与控制  │──────────┘
                    └─────────────┘
```

图10-3　S&OP主资源计划流程模型

1.需求预测的概念

需求预测就是指在特定的一系列条件下，对未来某个时间段内，用户对零售企业提供的产品需求量进行的预估或推测。需求预测包括以下三个方面的内容。

（1）特定的一系列条件

这指对未来特定时间内（也即预测周期内）各种影响销售的因素，比如价格、促销、竞争对手动向、行业事件、政策变化以及季节变化等方面因素。

（2）未来某个时间段的需求量

首先，预测面对的是未来的某个特定时间段，而非时间点；其次，预测对象为产品；最后，预测的是需求量，一般情况下指销售数量或销售金额。

（3）预估和推测

需要采用的相应预测技术和算法，选择适合的预测模型对未来销售情况进行的预估或推测。需求预测是连接零售企业产品采购和销售之间的桥梁、是供应链管理的源头、是零售企业趋利避害的大动脉，它的准确与否直接关系到零售企业经营的成败。正确的预测是科学决策的前提，而正确的决策又给合理的预测提供了实现的机会。显然，零售企业所做的预测越准确，对未来商机的把握和对潜在风险的规避就越成功。

2.需求预测的特点

需求预测具有全局性、关联性、综合性、实践性甚至偶然性，其特点通常表现如下。

（1）预测总是因存在误差而难以准确。

（2）对一系列或一组产品的需求预测比对单一产品的需求预测更准确，预测层次越低，预测误差越大。

（3）短期预测比长期预测更精确。

（4）用量少、需求不规则的情况难以预测。

3.需求预测的方法

关于需求预测的方法有很多种，但其中适用于零售企业的需求预测方法大致可归纳为四类：定性预测法、时间序列预测法、因果关系预测法和仿真分析预测法。

（1）定性预测法

主要依赖人们的主观判断进行预测分析。

（2）时间序列预测法

运用历史需求数据对未来需求进行预测。

（3）因果关系预测法

通过预测有关联性的外界因素的变化来预测未来需求。

（4）仿真分析预测法

通过模拟消费者的选择来预测需求。

如何选择合适的供应链需求预测方法应该主要考虑预测的对象、预测的范围、预测的期限、预测的精度、数据的数量、预测的费用以及预测结果所花的时间等。研究表明，多种预测方法结合使用得到的综合预测值将比单独使用一种预测方法更为有效。

但无论采用哪一种预测方法，都存在一些不能用过去的需求模式解释的随机因素。这是因为，实际应用中任何可以观察到的需求都可以分解成系统部分和随机部分。

任何预测方法的目标都是对需求的系统成分进行预测，并对随机成分进行估计。就其最一般的形式、需求数据的系统成分包含需求水平、需求趋势和需求的季节系数（见图10-4）。

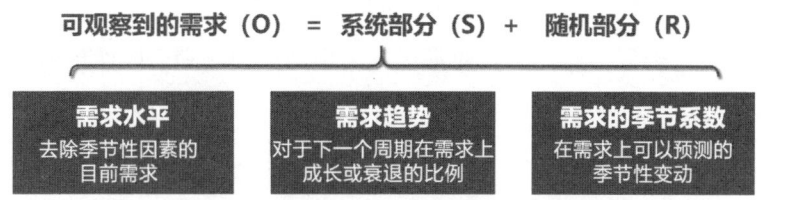

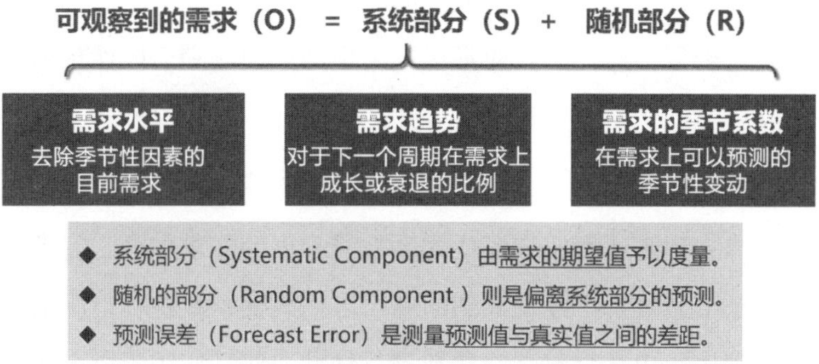

```
可观察到的需求（O） = 系统部分（S） + 随机部分（R）
```

需求水平	需求趋势	需求的季节系数
去除季节性因素的目前需求	对于下一个周期在需求上成长或衰退的比例	在需求上可以预测的季节性变动

- ◆ 系统部分（Systematic Component）由需求的期望值予以度量。
- ◆ 随机的部分（Random Component）则是偏离系统部分的预测。
- ◆ 预测误差（Forecast Error）是测量预测值与真实值之间的差距。

图10-4 需求的系统成分和随机成分

需求的系统部分指需求的期望值，它由以下几个方面组成：需求水平是剔除季节性因素影响后的当前需求；需求趋势是需求在下一期增长或衰退的比率；季节系数为可预测的需求季节性波动。

需求的随机部分就是在预测中偏离系统需求的那一部分。预测的目的就在于剔除随机成分，并对系统成分进行估计，一般来说，一种好的预测方法的预测误差大致等同于需求中的随机成分。需求的系统成分可以采用如图10-5所示的各种模型进行计算。

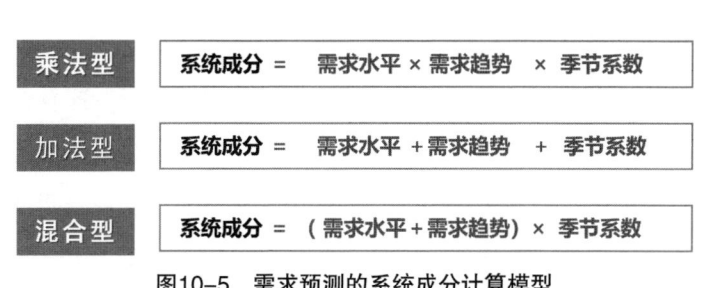

乘法型	系统成分 = 需求水平 × 需求趋势 × 季节系数
加法型	系统成分 = 需求水平 + 需求趋势 + 季节系数
混合型	系统成分 = （需求水平 + 需求趋势）× 季节系数

图10-5 需求预测的系统成分计算模型

某一特定预测的系统成分的具体表示形式取决于需求的特性。对于每种形式，企业都可以采用静态预测和适应性预测两种方法。

静态预测法

静态预测法假定待评估的系数成分中的需求水平、需求趋势和季节系数都不随观测到的新需求而改变，在这种情况下，我们利用历史数据对这些参数进行估计，然后应用于所有未来预测中。

适应性预测法

在适应性预测法中，需求水平、需求趋势和季节系数都要根据每次观测到的实际需求值进行修改，适应性预测法的优点在于预测时所有被观测到的新数据都被考虑其中了。

一种好的预测方法应当抓住需求的系统成分而不是随机成分，随机成分是通过预测误差的形式表现出来，而预测误差也包含了有价值的信息。

由于需求预测需要大量的数据进行支撑，为尽可能获取高质量的预测结果，需要频繁地进行计算，因此IT技术是需求预测的有力保障。好的预测软件可以为各式各样的产品提供预测，并结合最新的需求信息对预测值进行实时更新。这有助于企业快速响应市场的变化，避免延迟反应带来的成本。当然，没有一种工具是完美无缺的，在运用预测值和享受预测所带来的价值的同时，要记住这些分析工具无法对未来需求中一些更为定性的方面进行估计，而这只能凭预测者自己的经验和能力进行判断。

> **扩展链接**

盒马的销售需求预测方法浅析

盒马的销售需求预测作为供应链域的核心算法,目前已服务于全国数百家门店,每日百万量级SKU的补货作业,在提升效率、降低缺货和损耗方面发挥了重要的作用。

一、背景介绍

盒马的即时生鲜服务非常切合消费者需求,但也对供应链提出了很高的要求。对此,盒马根据零售场景特点,搭建了包括预测、库存、营销和价格在内的算法能力。

销售需求预测作为供应链域的核心算法,目前已提供了包括盒马鲜生、云超、X会员店、盒马邻里等业态在内的商品销售需求预测能力。在全自动补货中同时服务于盒马、盒小马、天猫校园、逸刻等多个商家。

销售需求预测从技术角度来看是一个重要且具有挑战的问题。首先商品的销量会受很多因素的影响,除了时序性规律以外,还包括促销、调价、天气、季节性、商品状态等多方面因素;其次,销售预测的消费场景通常是很多的,除了应用在全自动补货之外,还可以作为一种基础能力赋能更多的项目,例如生意计划、SPT、品类规划、库配一体化等。另外,销售预测所使用的数据范围广,上游依赖多,技术链路长,对于算法整体链路的稳定性也提出了很高的要求。

因此，盒马的销售重点围绕"预测结果准，整体链路稳，业务响应快"的思路进行需求预测的搭建和迭代。

二、整体思路

（1）盒马销售预测特点

盒马的需求预测的主要特点可以归纳为多业态、多品类、多场景三个方面。在业态上重点支持了盒马鲜生、盒马云超、盒马邻里，同时也包含一些外部商家；在品类上覆盖了标品、生鲜、餐饮下的多个类目，商品丰富度高；在场景方面，主要针对影响商品销量的关键因素进行单独的建模和优化（见图10-6）。

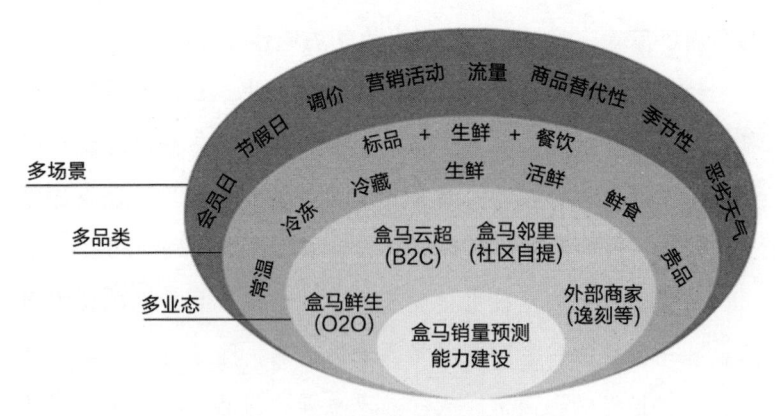

图10-6 盒马销售预测的特点分析

考虑到盒马业态的多样性，为了让销售需求预测既能贴近业务又具有一定的通用性，盒马在流程上进行了划分：在数据预处理环节和结果后处理环节会尽量贴近业务特点，让训练数据和预测结果能够更好的适配业务场景，然后在算法模型的设计上更加注重结构的通用性，这样通过圈选特定数据单独训练就能够快速地支持到不同业态和场景，同时也能提高开发效率。

（2）销售预测流程

销售需求预测的实现流程可以分成以下14个步骤，其中前半部分是对问题的分析定义，以及数据的各种预处理，目的是将建模过程中的类似工作进行统一收口，保证数据口径的一致性，以方便后续模型的开发。中间部分是各种预测模型的构造，后半部分是对模型结果的校验和融合，以及根据业务逻辑进行的后处理，目的是提高预测结果的实用性和灵活性，以实现对业务需求的快速响应（见图10-7）。

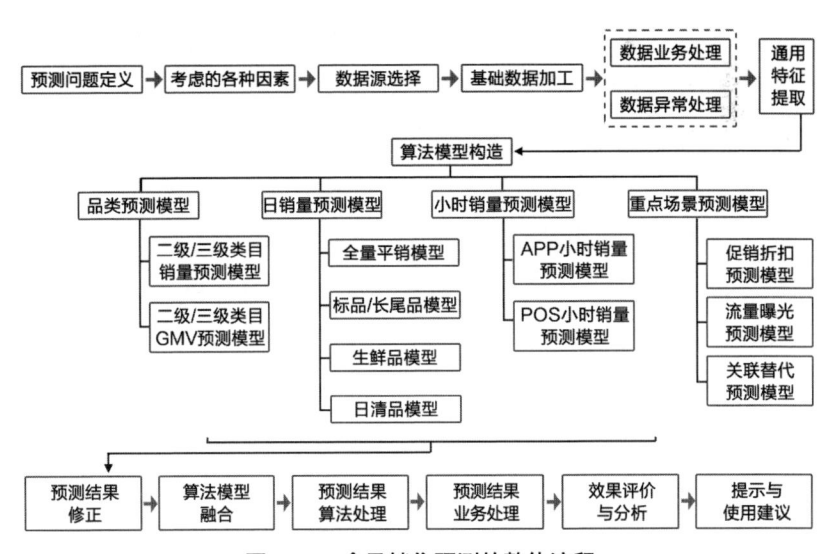

图10-7 盒马销售预测的整体流程

盒马的销售需求预测的整个流程把数据、模型和业务规则进行解构，逻辑上形成"总—分—总"的结构，各部分主要内容如下。

STEP1：问题定义与数据处理

● 预测问题定义。包括预测的维度（SKU/类目、销量/单量/GMV、小时/天/周）；预测的口径（交易口径、履约口径）；预测的范围（哪些店、仓、商品需要预测）；预测的渠道（App、POS、全渠道）；预测的时长（7天、30天、3个月等）。

● 考虑各种因素。结合业务场景，分析目标变量受哪些因素影响，例如营销活动、采购调价、季节性、天气、流量、关联替代性、新品、节假日、大促销等。

● 数据源选择。明确数据口径，确保数据来源与既定的维度严格保持一致，以确保数据实时满足业务要求。

● 基础数据加工。对DW层的原始数据作进一步加工，生成适用于算法的数据，例如，组合商品交易拆分到单品，未来调价/促销活动解析，天气类型打标，日清商品圈选等。

● 数据业务处理。结合业务规则对数据进行处理，例如出清销量还原，大订单识别等。

● 数据异常处理。对历史数据中的异常点进行削峰填谷，例如，异常值检测和时序补缺。

● 通用特征提取。构造销售预测使用的基础特征，沉淀到特征宽表，统一数据口径，便于管理，以提高后续模型的开发效率。

STEP2：模型构造

销售需求预测模型从不同角度可以划分成不同类型，按建模方式的不同可以分为传统时序方法、机器学习方法、深度学习方法和时空图网络方法；按照预测步长的不同可以分为单步预测和多步预测；按照输出结果的不同可以分为点预测和概率预测；按照目标个数的不同可以分为一元预测和多元预测等。模型构造环节主要聚焦在预测方法本身的研究，不同场景和业务问题的建模，以及销售预测准确率的提升上。

STEP3：结果后处理

预测结果修正。为了防止极端值对业务造成的负面影响，需要对模型结果进行异常值拦截和区间约束。

算法模型融合。根据预测目标的特性选择最合适的模型或模型组合，并基于一定策略对不同模型的预测结果进行融合。

预测结果算法处理。基于算法逻辑调整预测结果，包括季节性、节假日、恶劣天气lift等。

预测结果业务处理。基于业务逻辑调整预测结果，包括BOM转化，店仓关系映射，大仓销量汇总等。

效果评价与分析。设定算法指标（如WMAPE）和业务指标（如采纳率、自动提交占比），监控整体趋势的变化情况；对具体问题进行分析诊断，并不断完善流程中的各步骤。

提示与使用建议。预测结果对外提供服务时，友好的提示可以给业务更好的指导，例如，是否需要人工审核、产品白盒化展示算法考虑的因素等。

三、数据处理步骤

1.数据处理整体框架

数据的准确性和完整性对于预测模型的效果起到了至关重要的作用，因此需要精细打磨和持续迭代。为了保证数据口径的一致性，需要对建模过程中的数据处理相关工作进行统一收口，包括数据源选择、基础数据加工、数据业务处理、数据异常处理以及通用特征提取。这部分最终沉淀下来的是标准化的特征宽表，便于后续模型的使用。数据处理各步骤的具体内容如下（见图10-8）。

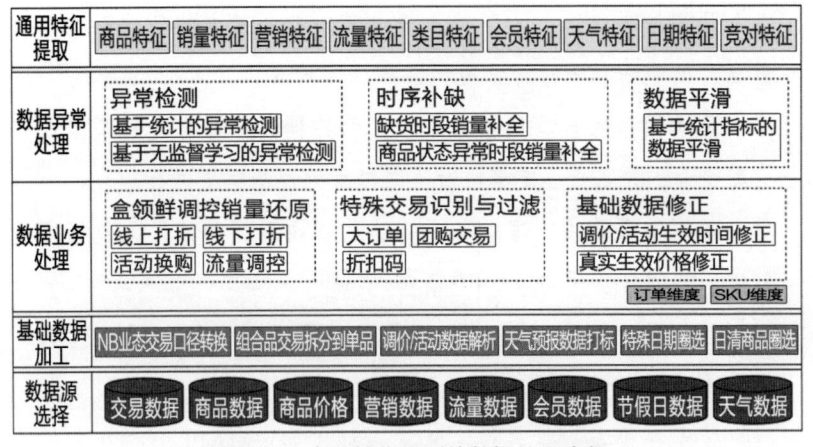

通用特征提取	商品特征	销量特征	营销特征	流量特征	类目特征	会员特征	天气特征	日期特征	竞对特征
数据异常处理	异常检测 基于统计的异常检测 基于无监督学习的异常检测			时序补缺 缺货时段销量补全 商品状态异常时段销量补全			数据平滑 基于统计指标的数据平滑		
数据业务处理	盒领鲜调控销量还原 线上打折　线下打折 活动换购　流量调控			特殊交易识别与过滤 大订单　团购交易 折扣码			基础数据修正 调价/活动生效时间修正 真实生效价格修正 订单维度　SKU维度		
基础数据加工	NB业态交易口径转换		组合品交易拆分到单品		调价/活动数据解析		天气预报数据打标	特殊日期圈选	日清商品圈选
数据源选择	交易数据	商品数据	商品价格	营销数据	流量数据	会员数据	节假日数据	天气数据	

图10-8　盒马销售预测的数据处理流程

需要注意的是，基础数据加工和数据业务（异常）处理的区别在于，前者生成的是客观数据，即只会在数仓基础上对数据进行拆分、汇总、打标等操作，不会改变原始信息。而后者生成的是主观数据，例如经过缺货补全将实际销量由0变成10，目的是方便模型更好地进行学习，提升预测结果的准确性和稳定性。

2.数据业务处理

该环节需要结合具体的业务场景进行处理，目的是让数据更好地适配各种业务场景，提高最终销售预测结果的实用性。

3.数据异常处理

异常值检测；缺失值补全。

现实场景中，由于数据采集或者业务操作等原因，数据中往往存在缺失和断点的情况。为了确保建模过程中时序数据的完整性，减少后续销售预测的badcase，需要对数据中的缺失值进行填充。

通用特征提取。这部分往往需要结合数据的内在规律和业务场景的经验进行处理。目前盒马预测使用的基础特征包括商品属性、门店属性、促销信息、日期信息、天气信息、流量信息、历史销量和竞争对手信息八大类。

四、模型构造步骤

盒马销售需求预测涵盖了多种方法与多种场景，按照方法维度可以分为业务规则模型、传统机器学习模型、深度时序模型、时空图网络模型四大类。每类方法具有各自的特点，通过相互结合，一方面可以确保业务需求的快速响应，提高应对各种问题的灵活性；另一方面可以兼顾前沿技术的探索和建模方法的创新。

按照场景维度可以划分为替代品、时令品、日清品、促销、流量、X会员等一系列场景，并对细分场景进行建模。一方面可以有效提高特定场景下的预测准确率，更好地支持业务应用；另一方面有助于提炼盒马销售需求预测的算法特色。

盒马销售需求预测算法的迭代路径如下（见图10-9）。

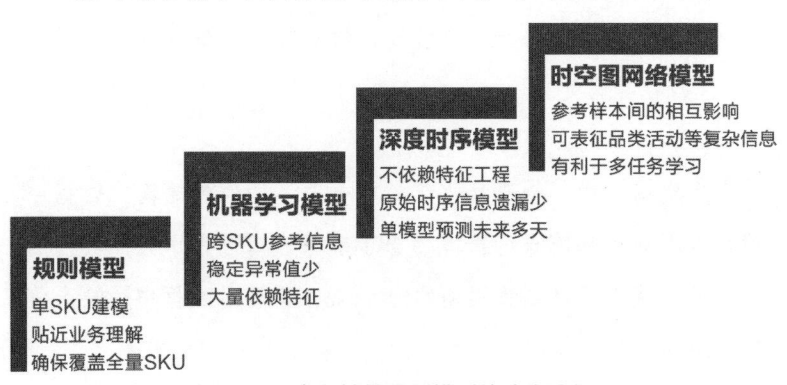

时空图网络模型
参考样本间的相互影响
可表征品类活动等复杂信息
有利于多任务学习

深度时序模型
不依赖特征工程
原始时序信息遗漏少
单模型预测未来多天

机器学习模型
跨SKU参考信息
稳定异常值少
大量依赖特征

规则模型
单SKU建模
贴近业务理解
确保覆盖全量SKU

图10-9 盒马销量预测模型的迭代路径

五、结果后处理步骤

盒马销售需求预测的结果后处理，从计算方式上面可以归纳为以下五种类型。

预测结果融合。包括模型预测结果的异常值识别与拦截；多个模型的结果融合。

预测结果调整。针对恶劣天气、特殊节假日的lift系数；连续缺货拉伸，预估白盒化干预等。

预测结果转换。根据加工品和原料品的转换关系生成原料品的预测结果，日清商品交易口径转履约口径，切品时新老品的需求继承等。

预测结果汇总。基于供货网络和店仓映射关系，汇总生成仓端销售预测结果，包括FDC、B2C仓、NB仓、CDC等，支持仓端自动补货。

预测结果拆分。一店多仓场景下基于分仓比的预测结果拆分，基于销售预测的通用拆分能力，提供拆店、拆渠道的能力，支持仓端销售计划和生意计划的目标拆分等。

盒马的业务处于持续快速发展当中，丰富的场景和业态对销售预测也提出了更高的要求，需要同时在具体场景和整体框架上进一步打磨。一方面销售预测需要更加贴近业务，发掘并深入研究其中的关键问题，让算法能够更好地服务业务；另一方面需要研究更加通用的销售预测框架，使流程更加标准化，进而形成一套完善的解决方案。

二、库存管理和库存控制

虽然零售企业的经营业态和经营模式不尽相同，但从供应链的角度来看，其运营过程本质上都属于以购销模式为主的商业流通，所以，库存管理无疑是零售流通供应链的核心和主导环节。在"生产商—零售商—消费者"的流通大环节中，线上、线下的零售企业都承担着各自产品的流通作用。

1.库存管理和仓储管理

库存管理和仓储管理在本质上是两个完全不同的概念。

库存管理（Inventory-Management）是企业经营业务的一部分，主要的目的是计划和控制库存。

仓储管理（Warehouse-Management）是对于存储在物流仓库内的货物实现有效的收货、储存和发货的管理。

库存管理和仓库管理在业务上有交集，但是在组织结构上没有从属关系，都在统一的供应链部门管辖范围之内。从职责范围来看，库存管理比较偏重于产品计划及数据的统计和计算，属于信息流（Information-Flow）范围。仓储管理偏重于仓库内部的管理（包括仓库环境的控制，仓库中产品的保管和移动等），属于实物流（Material-Flow）概念。

（1）两者关系

从广义的角度上看仓储管理，仓储管理仅仅是库存管理的一个环节，当然也是其中一个必不可少的环节。仓储管理产生的数据，决定着整个供应链流程中数据的准确性。

（2）仓储管理目的

仓储管理的目的是通过账实一致性而保证库存数据的及时准确。不过需要说明的是，库存量的多少其实与仓储管理是没有多少关系的。

（3）库存管理作用

库存管理的作用应该是通过优化库存结构的手段，降低库存量，通过提高用户交付率，从而实现最优的库存周转率。所以，库存管理的范畴非常广，包括原材料的库存以及在制品的库存、成品库存、用户与供应商端的库存，有时甚至可以包括用户的下级用户，供应商的上级供应商，这些终端的库存也应该包含在全面库存管理内。

2.库存控制

库存控制主要是对仓库的产品进行盘点、数据处理、保管、发放等，通过种种方法和手段，使保管的产品实物库存保持在最佳状态。这只是库存控制的一种表现形式，或者可以定义为实物库存控制。

那么，如何从广义的角度去理解库存控制呢？库存控制应该是为了达到零售企业的财务运营目标，特别是现金流运作，通过优化整个需求与供应链管理流程，合理设置系统控制策略，并辅之以相应的数据处理手段和工具，从而在保证门店销售的前提下，尽可能降低库存水平，减少库存积压及报废、贬值的风险。

从这个意义上讲，实物库存控制仅是实现零售企业财务目标的一种手段，或者仅是整个库存控制的一个必要的环节。从组织功能的角度讲，实物库存控制主要是仓储管理部门的责任，而广义的库存控制应该是整个需求与供应链管理部门，乃至整个零售的责任。

3.库存管理的目的和手段

零售企业有两个关键的考核指标：库存周转率和消费者满意度。其中库存周转率远比消费者满意度更为重要，可以这样说，进行库存管理的根本目的就是控制库存周转率。

库存管理手段中，包括仓储管理，但是只靠仓储管理来实现整个库存管理和控制是远远不够的。库存管控是需要整个供应链管理流程的输出支持，其中包括了业务管理、需求预测和需求管理、采购计划、库存计划以及门店补货和配送管理等。只有通过对整个供应链流程的管理才能实现有效的库存管理和控制，从而实现库存周转率的提高。所以，零售企业要想做好库存管理和控制，就要从供应链的各个环节着手。

4.库存周转率

库存周转率又叫存货周转率，是衡量和评价企业供应链各环节管理状况的综合性指标。库存周转率不仅可以用来衡量企业供应链环节中存货运营效率，还被用来评价企业的经营业绩，反映企业的绩效，它也是企业营运能力分析的重要指标之一，在企业管理决策中被广泛地使用。

库存周转率是一个可以综合反映库存管理效率的指标，该指标用于衡量企业存货周转的效率。它是通过期间销售额的合计值被平均存货所除而得到的比率数值。而库存周转次数，其实就是用时间表示的存货周转率（见图10-10）。

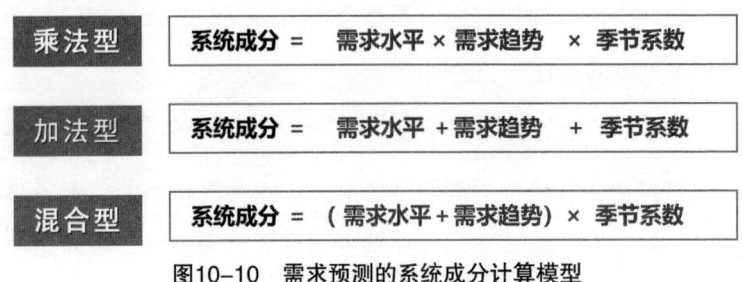

乘法型	系统成分 = 需求水平 × 需求趋势 × 季节系数
加法型	系统成分 = 需求水平 + 需求趋势 + 季节系数
混合型	系统成分 = （需求水平+需求趋势）× 季节系数

图10-10 需求预测的系统成分计算模型

在零售业态中，一般是用商品的售价金额进行库存周转率的计算。

理解库存周转率计算公式关键是要了解"期间平均库存"这一概念。"期间平均库存＝（期初库存金额＋期末库存金额）/2"这个公式很好理解，就是将一家零售企业的年初（或者月初）账面存货金额加上年末（或者月末）账面存货金额的平均值。所以，"期间平均库存"可以表示零售企业在一定时期内大致有多少金额的存货。

不过，需要注意的是，"期间平均存货余额"只是为了便于计算库存周转率而设定的一个理想模型。因为在实际业务环境中，零售企业期间卖出产品存货金额不可能刚好等于增加的产品存货金额，库存产品存货的数量和金额实际上总是处于动态变化中。

"期间销售额合计"就是一定期间内指定仓库出库的产品账面售价金额的合计数值。

存货周转率就是在一定期间内（月或者年），零售企业仓库的库存实际上周转的次数。库存周转率越高，表明这家零售企业的存货资产变现能力越强，占用在存货上的资金周转速度越快。

虽然库存周转率指标越高，代表着零售企业供应链和库存管理的实际运营效率越好，但这并不意味着我们要一味地追求更好的库存周转率。理想的库存周转率应与零售企业的销售率和仓库补货率保持一致，这样才能真正表示零售企业的供应链运营状况良好。

零售业态多种多样，售卖的产品也各不相同。因此，不同的零售业态有着不同的库存周转率，这也就意味着良好的库存周转率的指标数值在很大程度上取决于零售企业所处的行业。零售企业可以通过与行业标杆企业的库存周转率相比较来评估自身的周转率的水平。一般来说，高库存周转率表明零售企业产品流动性良好、库存管理有效、销售强劲，但是有时候库存不足或库存短缺也会导致库存周转率的提升。

不过，库存周转率过低通常意味着零售企业经营业绩表现不佳，因为它表明零售企业库存过剩或者销售不足。但是，如果零售企业在面临市场产品短缺或价格上涨时，这时的低库存周转率对零售企业而言则是有益的，因为这意味着您正在等待更好的销售时机。

通过分析库存周转率的计算公式我们可以发现，提升库存周转率的方法无非就是开源和节流这两条途径，开源主要体现在提高销售额上面，节流当然指的就是降低库存。所以，零售企业通常采用以下方法来提升库存周转率。

1.提升销售金额

这是提升库存周转率的最直接方法，提升销售金额的具体方法多种多样，既可以从提高销售数量方面着手，也可以用提高客单价，或者加大促销力度来吸引更多的消费者前来购买等。不过需要说明的是，对库存周转率指标而言，这里提到的提升销售金额的措施应该是一个长期有效的措施，而不能只是一个短期行为。

2.降低每月的库存金额

有的零售企业一味地追求库存周转率指标的良好，导致个别供应链管理人员通过种种不合理的手段来降低库存金额（如在期末通过不订购或者大量退货的方式来减少库存），以达到提升库存周转率的目的。这样的做法虽然可以使库存周转率指标看上去非常良好，但实际的供应链的真正管理水平并没有获得提升，反而给企业的经营带来了严重的隐患。

我们提倡的降低库存金额的手段和方法应该是合理有效的，能够真正提升供应链的运营效率。比如通过有效的需求预测和安全库存使库存控制在一个合理范围之内，或者与供应商联动，通过缩短采购周期来降低企业平均库存等。

3.加快每个单品SKU的周转次数

企业的库存周转率实际是由每个单品的库存周转率来决定的，提升单品的库存周转率自然就是提升企业整体的库存周转率。加快单品SKU的周转次数需要我们引进一整套的单品管理的措施和制度。

4.加快滞销产品的淘汰

其实这也是属于降低库存金额的手段之一，而且加快滞销产品淘汰的意义不是降低库存这么简单。因为通过滞销产品的淘汰，意味着零售企业可以释放更多的资源用于其他销售表现更好的产品上，它对提升库存周转率起到的作用绝对是"1+1>2"的。

5.订货频率提高，实行少量多次

这方面涉及供应商管理和库存控制的之间平衡，建议企业采用如下策略。

（1）设置供应商的最低送货标准，这是实行少量订货的前提。

（2）销售较快的产品可以实行随时库存不足、随时订货、随时送货的原则。

三、门店补货和物流配送

导致门店缺货的原因无非就是这两条，要么就是门店没有即时进行补货，要么就是物流没有即时完成配送。这两点原因都直指零售供应链的第三个管理核心：门店补货和物流配送。

1.零售物流管理的特点

物流不是供应链管理的全部，它只是供应链的一个重要组成部分。但不可否认的是，物流配送是很多零售企业的重要生命线。要知道零售企业尤其是连锁零售企业，其门店众多，分布广泛，经营场所面积普遍偏小，要想在有限面积的门店内为消费者提供贴心满意的产品及周到的服务，没有一个有力的物流配送体系支持，是万万不可能的。一般而言，零售物流尤其是连锁零售物流配送普遍具备以下几个特点。

（1）集中统一配送

零售连锁门店绝大多数的产品都应该通过集中统一的物流配送中心配送到门店，这样才能有效减少门店工作量，使门店人员集中精力做好门店销售。物流配送中心同时还能帮助门店有效把好进货关，保障门店的产品品质，以确保门店在产品品项、账务方面的统一性。

(2)送达时间要求高

连锁零售企业门店经营的产品品种繁多，经营场所面积小，门店仓库面积小，甚至很多门店都没有仓库。这就产生了门店库存量少与满足即时性需求之间不可调和的矛盾。连锁零售企业对物流配送的送达时间提出了很高的要求，要求物流能够严格执行定时配送，有的零售企业甚至会要求物流配送抵达时间精确到分钟。

(3)订购量百分之百满足配送

因为连锁零售企业的门店库存容量普遍偏小，门店要想满足产品的陈列和消费的需求，还需要同时满足部分产品的关联消费需求，这就对物流配送能力提出了更高的要求，物流配送要能百分之百满足门店的订购需求，不允许存在缺货的状况。很多零售企业往往将物流配送的满足度作为物流供应链考核的一个关键指标。

(4)小批量、多批次配送

连锁零售企业的门店仓储面积不允许一次性存储足够多的产品。这就导致门店补货频率非常高，相应的对物流配送时间的准确率要求也非常高。尤其是有一些特殊类别的产品（如生鲜食品类）。为保证产品的售卖品质，要求零售物流配送能够满足小批量、多批次配送需求。

(5)营业波谷期送达

无论什么零售业态，其门店客流量很难均匀分布，这就要求零售企业在门店日常经营中，根据客流量统计数据大小分为营业波峰期和营业波谷期，并将该营业时间分布提交给物流配送中心，物流配送中心应将门店波谷期定为最优配送时期，以便将配送对门店正常营业造成的影响最小化。

（6）对物流系统和IT系统的要求高

因为连锁零售门店对物流配送的时间要求严格且配送频度高，所以相应的对物流和IT系统也提出高要求。IT系统在接受连锁门店补货订单及产品配送时必须发挥关键作用，很多零售企业都通过零售IT系统和物流配送系统的紧密结合协同工作，完成门店补货的物流配送的工作。

（7）逆向物流要求高

连锁零售门店在售的产品很大一部分都具有季节属性，且门店经营面积不大。为了更好保证门店的正常运营，必然要求对换季下架产品进行即时处理。这就要求物流配送中心必须能够提供完善的逆向物流配送服务。且逆向物流配送服务发达也有利于连锁零售门店更好地为消费者服务，以提高消费者满意度。

（8）门店信任验收

在连锁零售物流配送产品到门店时，门店会因为各种各样的原因不具备现场逐一清点产品的收货验收条件，因而门店在物流配送、收货、验收采取门店验收的模式。在这种验收模式下，物流配送人员时常会选择用笼车或物流箱装载并封箱打标签，门店在收货验收时只核对整批单号及物流箱数，再检查整箱封条是否完整。一切确认无误后物流配送车辆即可离开,门店营业人员一般利用营业空闲时间再逐一进行验收,如果出现问题也是以信任为原则,进行双方协商调整。

2. 零售物流的主要作业环节

连锁零售企业的物流配送中心一般设置有收货区、暂存区、分拣区、出货区、装车区等功能区域。分拣区的设置非常重要,因为几乎所有供应商到货都是大批次包装,而门店配送则需要小包装甚至拆零配送。一些散装的产品需要进行定量包装,或者是加工间预加工。而对温度有要求的产品,还需要进行格外考虑存储区域,并根据产品特性安排至常温或低温仓内。

为更好地为连锁零售门店提供配送服务,零售企业的物流配送中心通常会规划进货作业、存储作业、拣货作业、出货作业和配送作业五个主要的物流作业环节(见图10-11)。

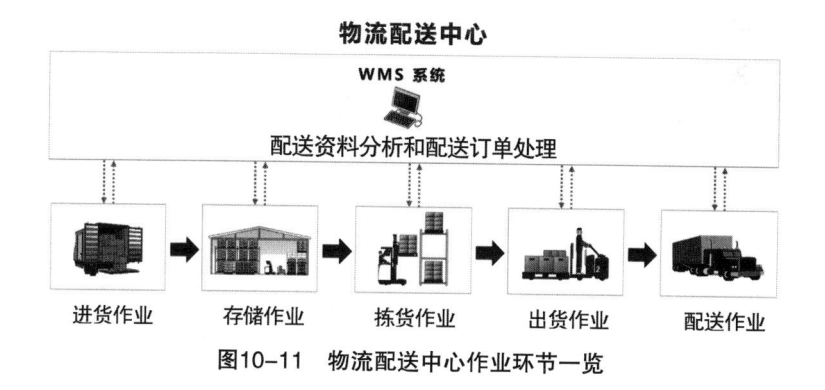

图10-11 物流配送中心作业环节一览

(1)进货作业

进货作业一般是物流配送中心的起始作业环节,是管控产品品质与作业品质的第一步。

零售物流配送中心在进行进货作业环节的设计规划时需要考虑以下注意事项。

进货空间的设计。包括配送中心的整体布局设计，进货区车台设计和装卸货空间的规划设计等。

卸货方式。考虑因素是月台与车台高度调整与衔接的设备，以方便搬运工具在平台与车台间作业。

进货作业业务规则的设计。包括进出货时间要错开、进货耗时作业挪至离峰时间、提高搬运效率的空间设计与工具设计、便于记录进货资料与验收作业的设计。

货品编码与分类的规划设计。入库产品并非只有产品条形码即可，可应用栈板标示与箱子标签，这样能详细辨明入库货品相关信息、标签号码并配合分类，以利后续物流作业。

进货记录信息内容的规划设计。应采集的进货记录信息的主要内容包括：日期、车辆、来源处、抵达时间、卸货开始与完成时间、容器形式尺寸与数量、单品数、重量、品质检查、入库目的地。

（2）存储作业

零售企业的物流配送中心存储作业环节的主要功能是更有效的存储保管产品，以确保产品品质的良好，同时保持一定的产品库存，以满足门店配送拣货的需求。

应对不同的存储业务需求，配送中心的储存区域有储备区域及暂存区域两种区域划分。储备区域存储的库存需满足按一定时期的门店配送要求，形成的对配送的资源保证。暂存区域设置的目的是在具体执行配送任务时，满足分拣配货产品库存需要，物流中心的暂存库存区域一般都直接设置在理货场地内。

(3) 拣货作业

物流配送中心的拣货作业环节要求在限定的时间内，将门店所需要的多样少量产品组合的订单，正确讯速拣取组合后放置到待配送暂存区等待配送出库。拣货作业环节是物流配送中心的一个核心功能，也是事关配送成败的一项重要工作。有了良好的分拣及配货，门店配送服务水平就会大大提高，分拣及配货是决定整个物流配送系统水平的关键要素。

零售企业的物流配送中心作业人员，需要对照拣货单的内容与货品后进行货品的拣取，有订单别拣选和批量别拣选两种主要拣货方式。

①订单别拣选。拣货人员针对每张门店订单的产品进行拣取，这就是所说的摘取式拣货。

②批量别拣选。集合多张订单后，将所需拣取之产品加总后拣取再分配至每一张订单别，也有零售企业将其称之为播种式拣货。

(4) 出货作业

出货作业包括分货、出货检查、配装和配送运输，大多数零售企业容易忽视出货作业环节中的车辆配装和配送运输作业。

（5）配送作业

实际上针对连锁门店物流配送而言，因为单个门店的配送数量往往不可能达到配送车辆的有效载运负荷上限，这时就必须考虑如何将不同门店的配送产品进行集中搭配装载，以充分利用配送车辆的运能、运力，这就需要进行配送车辆的配装作业。通过配装送货可以提高物流配送中心送货水平，还能降低送货成本，所以，配装作用也是配送作业环节中的一个业务重点。

连锁零售物流的配送运输作业具有距离短、规模小、频度高的特点。主要需要考虑配送运输的路线选择问题以及如何使配装和路线有效搭配等，这是配送运输作业环节中难度较大的工作。

3.门店物流配送模式

因为连锁零售企业要求物流配送规模化、集约化，且对配送服务水平有着严格的要求，因此，大多数零售企业采用以下三种物流配送方式。

（1）物流统配模式

物流统配模式是零售企业最常用也是首选的物流配送模式之一，这种配送模式可适用于大多数零售企业常规品类的产品配送。

物流统配模式首先需要由零售企业构建IT系统对门店叫货数据进行集中统一处理，然后根据门店叫货数据汇总生成物流配送订单发送给物流中心的WMS系统，物流配送中心的作业人员在物流中心的WMS系统指引下，完成订单分拣、复核、分包、装箱和出库检查等作业工序，最后通过物流中心或第三方配送公司提供配送运输车辆完成配送出货运输的作业。

在物流统配模式下，物流进货作业和拣货配送作业是完全相互独立的，这就要求物流中心能实现存储一定量的产品库存来满足一定期间内门店多批量、多品种的配送需求（见图10-12）。

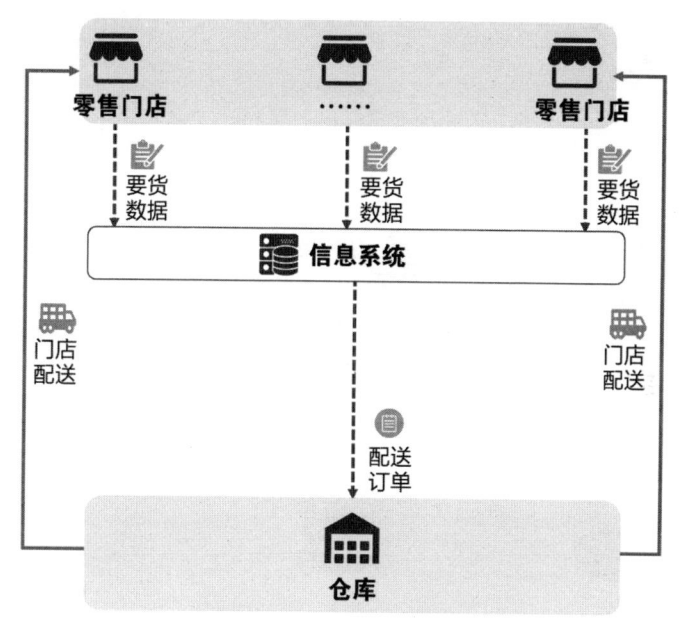

图10-12 物流统配模式

（2）供应商直送模式

供应商直送的配送模式主要适用于零售企业初期无法构建物流配送中心的应用场景，或者是一些零售企业配送中心不具备配送条件的产品（如需要冷藏冷冻的产品）配送时采用。

供应商直送的配送模式的区别在于，零售企业总部IT在进行门店叫货订单的处理后，将需要供应商直送的配送订单数据通过EDI平台直接传送给供应商，由供应商接收的这部分配送订单后，自行完成订单准备和配送车辆装载，然后由供应商负责安排配送车辆将这部分产品配送至门店，直至完成门店收货验收，最后根据实际收货验收单据进行结算（见图10-13）。

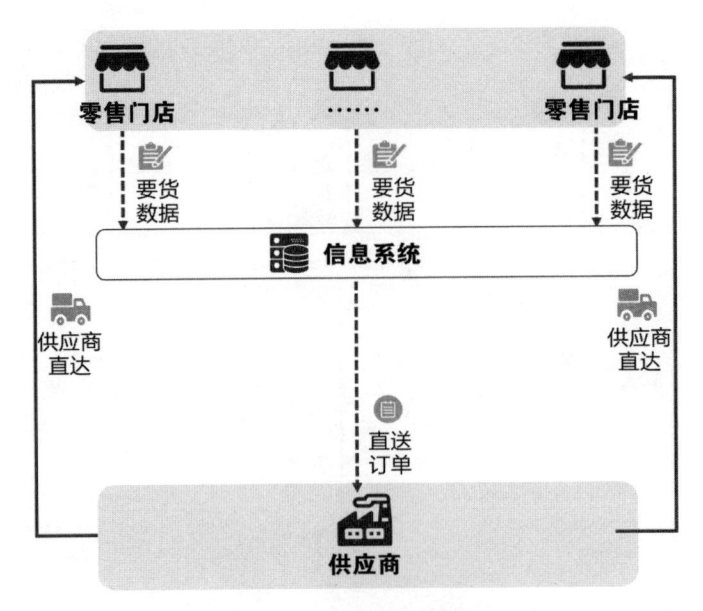

图10-13 供应商直送模式

供应商直送的配送模式由供应商完成产品的全过程物流配送，因此较容易实现，也是部分轻资产配置的新零售企业的首选配送模式。但因为零售企业门店经营产品品类繁杂，必然导致所对应的配送供应商数量也相对较多，从而给门店人员增加了作业负担。此外，一旦零售企业门店数量和区域扩大，大多数供应商根本无法满足所有门店的配送需求。

（3）物流中转配送模式

这种配送模式较为特殊，主要为一些便利店和超市业态的零售企业采用。适用于保质期非常短的生鲜类产品的物流配送，这类产品无法在物流配送中心的仓库中长期存储，必须依赖供应商生产完成后立即交付给物流配送中心来进行配送。物流配送中心在收到供应商提交的这部分产品之后，不会进行入库存储，而是马上进行分拣配送，因而这种配送模式对时效性要求非常高（见图10-14）。

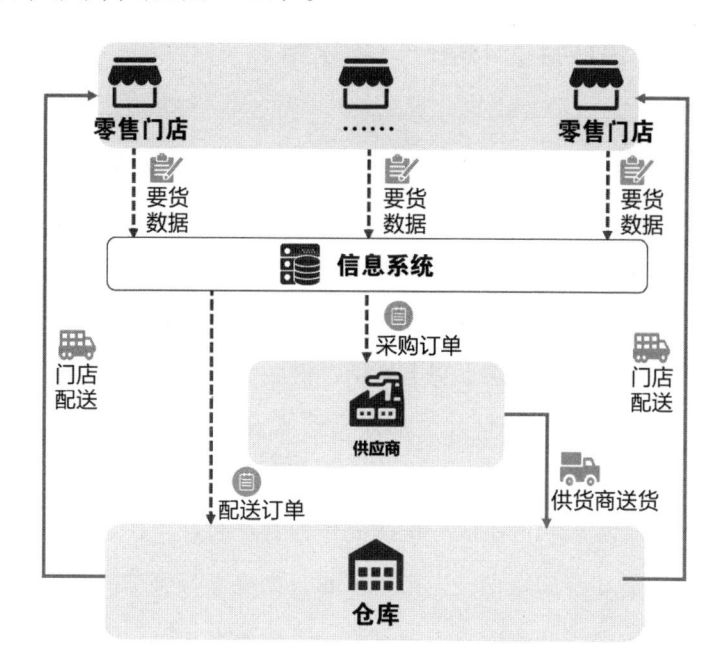

图10-14 物流中转配送模式

门店的中转配送产品的叫货数据一旦在IT系统处理完毕，会同时生成给中转产品供应商的产品采购订单和给物流配送中心的门店配送订单的两份不同规格的订单数据。供应商在接收到中转配送产品的采购订单后，会立即安排完成订单的生产和备货，然后由供应商负责将中转配送产品运送到物流配送中心完成产品的交付工作。物流配送中心在完成供应商中转产品的收货验收之后，会根据此前收到的门店配送订单数据，及时安排进行中转产品的订单分拣，分拣完毕后，立即安排车辆进行此部分中转产品的配送运输。

▶ 供应链的未来——需求链

当今，我们的社会正处于转型和变革之中，新的消费方式及新的零售模式层出不穷，产品和消费者的供需方式也发生了根本的改变，单纯的供应链管理思维需要进化，这种进化就是基于以更好、更及时地满足消费者需求为导向的"需求链管理"。其实从管理思想上来说，供应链和需求链本质是相通的，都强调协同、整合，都强调整体效益，都关注效率和成本。最大的差异在于，需求链管理更加强调消费者导向，把感知消费者需求和产品的分析研究作为管理起点，并且把供应链各个职能环节如库存、生产、采购、物流等与前端需求和产品管理有机地串联在一起，形成了一个从需求开始到中间生产再到最后配送的一个流程闭环和数据闭环，这一点是零售企业革新和进化务必要牢记的关键思想。

一、消费者需求主导供应链的发展

零售企业间的竞争正受到消费需求的影响，如新技术与信息的交换能力、不断提高的消费者服务需求、对进入市场的效率与速度的新要求等，都使得供应链成员的竞争格局转向对用户资源的争夺。过去，许多供应链成员，特别是那些远离最终消费者的成员，仅关心他们直接相关的节点和成员，然而，竞争格局已驱使他们不得不靠近和理解最终消费者。零售企业必须把关注的焦点从供应转移到消费需求上，提供给消费者更多的价值。

二、把需求放进供应链管理中

传统的供应链管理人员将工作重点放在产品的生产和流动上，缺少对最终用户需求的感知，很多零售企业无法提供给消费者实际需求的产品。现如今，越来越多的专注于市场供应链的管理人员开始把过去这种单向、线性的供应序列转变为非线性的、可闭环的、多产业跨越的供应链条。

三、供应链权力的转移

对供应链统治的改变贯穿于经济发展过程中。在过往的商业历史中，制造商作为最强大的供应链成员决定着生产什么，进而决定着消费者可以买到什么。

但随着互联网的蓬勃发展，新零售相关新业态的落地生根使整个供应链的权力中心发生了转移，新的商业模式和供应链统治的转移标志着"以用户为中心"时代的开始，最终用户成为供应链的主导者。

四、需求链关注最终用户及用户相关信息的共享

需求链强烈关注用户需求，消费者行为和消费者分析同时决定着需求链的成员组成和资源分配。对最终用户的关注正在加快供需匹配关系的转变，并促使企业重新审视他们在供应链中的角色。虽然目前的需求链成员与传统供应链成员相同，但是他们的角色和责任在新的市场环境中发生了改变。在需求链中，产品可以发源于任何供应链成员，制造商的"集权"地位被弱化，以消费者市场调研和链条成员所收集并被所有伙伴共享的信息为基础，它们可以在任一点由任一成员完成开发。

当需求链的每个成员，无论是从事设计、制造、渠道分销、仓储配送，还是某种特定产品的零售，都要对用户消费市场进行监控。虽然不是链上每个成员都在进行直接的调研，但每个成员都应该得到有关消费趋势和产品方面的信息。这种了解使每个成员都更容易对产品的优化迭代、营销机会的把握或品牌的延伸做出判断。

无论信息是来自销售终端的数据、定量分析，还是用新方法或内部研究获得，数据必须被共享和分析，而且所有链成员都要照此行事。

五、需求链的职能

多年来,供应链管理的发展给许多企业带来了提升业界战略地位与扩大竞争优势的契机,需求链更是打破了供应链管理的边界,将供应链原有的线性物流路径转变成用户与市场的闭环连接,需求链注重寻求使用户满意并为用户解决问题的最佳方案,具体方式如下。

(1)收集并分析关于用户未被满足的需求。

(2)发现能够执行需求链所需职能的成员和伙伴。

(3)把需要完成的职能移交给最有效益和效率的成员执行。

(4)生产解决用户问题的产品和服务。

(5)制定并执行最优的物流、运输和配送方法。

(6)以用户期望的形式交付产品和服务。

在需求链合作关系中,用户信息、产品与服务信息将及时、自由地流向渠道成员,使市场调研、供应链管理、营销战略和市场执行的同步比过去更为重要,比传统供应链提供给消费者更多的价值。

零售企业数字化转型

这是最好的时代，数字技术赋予了包括零售行业在内的所有传统产业界无限的想象力，创新贯穿于当前时代演进的始终，贯穿于传统产业发展的方方面面，新技术驱动着新产品、新商业模式层出不穷，进而带动了新业态、新产业和新市场的不断涌现。那些创新者则可以在很短时间内实现财富井喷式的增长，这一切又在不断快速革新着我们的生活方式和消费理念。

这也是最坏的时代，各个行业的市场竞争都不约而同地面临着极大的创新压力，数字技术的蜂拥而至让很多传统企业一时无所适从。此时，传统企业该如何把握机遇应对挑战呢？答案就是，数字化转型。

数字化转型给传统行业带来了诸多益处，使企业在面对激烈的市场竞争时可以有的放矢。如通过数字化转型实现IT系统的快速迭代可以提升企业业务敏捷度；通过实现生产供应链环节的数字化转型可以提高企业生产和经营的整体效率等。但这些价值的获取更多的是源自企业通过数字转型所获得的体系化的创新能力。在当前数字化时代，企业应不断追求商业模式和运营模式的创新,用以提升用户体验和运营效率。客户主导、数据驱动、实时互动等新思维正在深刻改变着传统企业的方方面面,数字化转型是企业应对和拥抱这一切的根本倚仗。

▶ 数字化和信息化

什么是数字化?什么是信息化?它们之间又有什么区别?

一般来说,对企业而言,信息化可以分为四层,正好对应企业四个层级的应用。

(1)操作信息化

目标用户:基层员工。

需求重心:快速、简便、及时、准确。

(2)运营信息化

目标用户:业务线运营管理人员。

需求重心:快速调度、灵活应对。

(3)管控信息化

目标用户:企业管理人员。

需求重心:计划、实施、检查、处理。

(4)决策信息化

目标用户:企业决策者。

需求重心:企业内外情报资讯、数据的及时获取和分析。

企业信息化有一个致命问题，那就是信息主要是由人来判断、人来加工、人来录入、人来解释。我们将丰富多样的现实世界通过人为判断硬生生地抽象成一个个结构性的关系数据，势必会丢掉一些现实信息，甚至有时候记录到系统的数据和真实信息根本不是一回事。所以，系统与现实的数据势必不可能完全一致，这也是为什么企业需要定期盘点、进行账务核查的原因之一，目的就是把实际状况和信息系统的记录状况进行对照以确保两边的差异可控。

造成这一切的当然有管理方面的因素，但主要还是由技术因素所致。在一个没有物联网、没有人工智能、没有快速图形图像识别等先进技术手段的情况下，获取数据记录只能靠人工操作。只要是人为就不可避免地产生数据错误或遗漏的状况；而且依靠人为收集到的数据信息不可能全面，比如一些非结构化数据信息（如客流数据和消费者对商品的关注信息）根本无法单纯地依靠人为的方式来采集，这也是信息化的根本性弊端所在。

在讨论数字化之前，首先需要对"数字"进行一个明确的定义，即数字其实是对事物的根本性解构。

举一个例子，以前的通信网络用的是模拟信号，现在是采用数字信号。数字信号和模拟信号的本质区别在于，数字信号用0和1来表达，而模拟信号用电磁波来表达（既是信号载体，也是传输介质）。当对通信信号加密的时候，二者的区别就体现出来了。对于数字信号可以各种计算加工，各种"拆解微操"，但对于模拟信号来说，就只能对波进行处理，相比数字信号，其信息含量不在同一个数量级。

由此可知，数字对一切事物的解构是根本性的。如果我们无法通过数字对一个事物进行全面深入的了解，原因只能是我们获取的数字信息不够丰富、不够全面、不够完整，所以，我们才说数字是信息的载体。当事物都可以被完全拆解成数字来解读的时候，数字化时代就到来了。

在明确数字是对事物根本性的结构这一关键概念之后，数字化的概念就呼之欲出了。所谓数字化，通俗一点的解释就是将复杂的信息转变成可度量的数字（数据），并以此为基础建立起数字化模型。

企业数字化则是通过收集企业生产和运营过程中所必需的各方面数据（业绩数据、用户数据、市场数据等），来生成关于企业运营的全景数字模型，并将此模型运用到企业的产品研发、服务流程改善、精准营销、销售模式升级、优化库存和决策管理等各方面的业务领域之中。

数字化的核心是连接。即利用最新的信息科学技术，实现企业内部各部门的数字连接。如企业与用户之间的连接、企业与上下游供应商之间的连接，乃至未来企业与整个社会之间的连接。

数字化的基础是数据。要实现数字化就要打通企业内外之间全方位、全过程、全领域的数据实时流动与共享，并实现数字技术与企业管理真正全面的融合。

关于数字化和信息化的区别和联系，在业内一直是个争论不休的话题。因此，我们尽可能总结一些比较具有普遍意义的共性观点，用最浅显易懂的方式呈现给大家。

1.信息化不改变流程，只注重提高效率

信息化可以理解为开通建立一个官方网站、运营一个官方微博账号，方便潜在用户在线了解企业信息。举个例子，在没有电脑的年代，老师出试卷必须靠手写，再进行油印。后来电脑出现了，老师可以用软件编辑试卷，通过打印机打印出试卷，其中的相关操作就可以视为是试卷编辑的电子化（电子化是信息化的初始状态）。虽然每一份试卷上都有很多的题目，但其中绝大部分题目只要略加改动就可以重复利用，因而可以开发出一套系统来建立一个数字化的题库用以对试卷的题目进行管理，这样就可以有效地提高试卷的效率。这个过程其实就是我们提到的试卷管理的信息化。

目前市场上主流的大部分应用系统，如OA系统、HR系统等，目的都是使人们通过信息系统来实现企业办公或业务管理过程的信息化。如企业业务管理领域经常会用到的一些核心业务系统如ERP系统、CRM系统或者SRM系统等都不是为了改变企业流程而研发的，其开发应用的目的在于提高企业日常作业的效率、降低管理和运营成本。

我们可以将数字化理解为把那些信息化时代的老旧企业官网升级到新零售时代的全新设计研发的在线电子商城，商城还同时实现了和第三方外卖平台的对接，由此得以使企业的业务运作模式实现翻天覆地的改变。

企业数字化是一个涉及市场调研、产品策划、产品生产、商品营销、在线交易、物流运输、售后跟踪等与企业经营管理相关领域的一个全面的系统的工程。

我们以时尚快消业态来举例分析。大多数传统的时尚快消业态企业都是一个单线商业逻辑的企业，其大致运作模式为：首先依赖其经验来预测判断其经营产品的流行趋势，然后以此为依据进行产品的设计开发和生产，再接着进行广告招商并完成产品的渠道铺货，最后才能启动营销推广，吸引消费者去卖场消费购买。

完成数字化转型之后，时尚快消业态企业的商业经营逻辑则产生了翻天覆地的变化。它们会从前沿科技研究机构处去了解相关技术的最新发展方向，在线抓取目标用户消费习惯的大数据，解读下一轮流行趋势、消费者的偏好等诸多因素，并根据以上这些因素来设计出多种产品方案，再通过MES智能制造系统实现柔性化生产。通过线上发布会进行多平台官宣、KOL自媒体评测背书等环节，引导用户建立商品信任，再进行线上零售平台商品发布、对接物流管理、在线售后服务、咨询引导下单等作业环节。

2.数字化和信息化差异

数字化的核心是企业商业模式的改变，而信息化只是对企业商业模式的局部优化和改善。由此可知，数字化是一场商业革命，数字化是对商业模式的颠覆。数字化企业可以实现管理人员在何时何地都可以很方便的通过数字终端设备监测企业的一切业务活动，获取任何想要获取的数据，并随时干预和调整相关业务。数字化的推广普及将带领企业管理迈入一个效率极致化的新时代（见图11-1）。

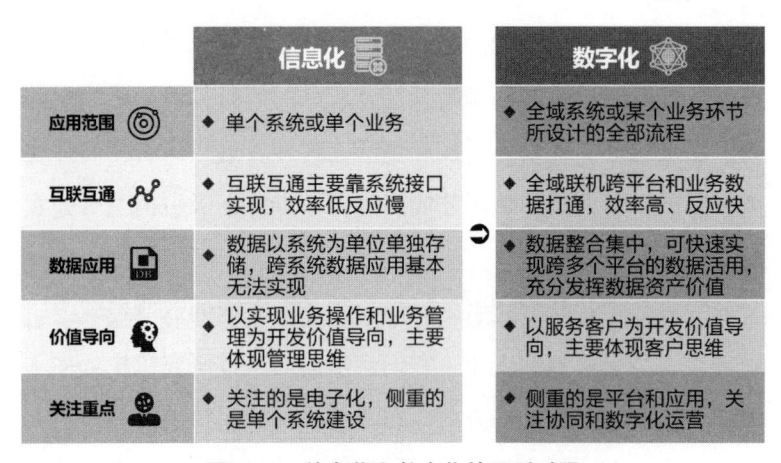

	信息化	数字化
应用范围	单个系统或单个业务	全域系统或某个业务环节所设计的全部流程
互联互通	互联互通主要靠系统接口实现，效率低反应慢	全域联机跨平台和业务数据打通，效率高、反应快
数据应用	数据以系统为单位单独存储，跨系统数据应用基本无法实现	数据整合集中，可快速实现跨多个平台的数据活用，充分发挥数据资产价值
价值导向	以实现业务操作和业务管理为开发价值导向，主要体现管理思维	以服务客户为开发价值导向，主要体现客户思维
关注重点	关注的是电子化，侧重的是单个系统建设	侧重的是平台和应用，关注协同和数字化运营

图11-1 信息化和数字化的区别对照

> 扩展链接

数字化关键技术的应用

数字化其实就是新一代互联网技术对产业、对企业进行数字化赋能的过程，也是客户的数字化体验和产品服务的数字化价值接触融合的过程。企业数字化的关键是要将数字技术和企业业务有效整合，对业务流程和服务产品进行数字化改造。同时，利用数字技术拓展业务边界，探索新的发展机遇。企业实现数字化离不开下面这几类关键技术的应用与普及。

一、大数据和实时分析

大数据是各种结构化和非结构化的海量数据及其处理方法，它允许以分布式方式分析信息。当过渡到新技术系统时，接收到的数据量呈指数增长。它需要正确处理才能生成报告，以便以尽可能迅速的方式做出管理决策，所以应运而生了可视化技术，因为获取到的数据经过处理后，向外传达的效果依然是不理想的，真正要实现最高的效率，一定要将结果经过可视化处理，从而达到最高效的展示、分析的目的。

二、云技术

云技术能够从根本上改变现有的商业模式。它们的利用提供了灵活使用远程资源的能力，以便按需存储和处理数据，从而大大降低硬件和基础设施成本。该工具可确保团队在线高效工作，并允许存储大量数据，并保持最高级别的安全性。

使用云技术的另一个重要优势是企业的经济效益。毕竟，只有在购买后的几年内，内部硬件购买才能证明更有利可图。

三、AI人工智能和深度学习

人工智能将成为未来几年大多数行业数字化转型的前沿技术。这将是一个完美的工具，用于自动执行复杂决策的任务。结合当前可用的计算能力和机器学习技术，该工具能够提供以前无法实现的深度分析。

随着以ChatGPT为代表的全新一代人工智能工具逐渐成熟起来，其将极大地改变包括零售行业在内的各个传统产业的运营方式,并开创全新的商业模式,对社会的未来发展产生深远的影响。

未来ChatGPT可以在以下零售业务领域发挥其不可替代的作用。

(1)客户服务与支持。ChatGPT可以为客户提供7×24小时不间断在线支持,解答客户各种问题并提供定制化建议。

(2)产品推荐和销售。ChatGPT可以根据客户的历史购买记录、偏好和行为数据等信息,推荐最符合其需要的商品,并促进销售。

(3)市场调研。ChatGPT可以作为一种自然语言处理(NLP)工具,自动收集和分析大量的消费者反馈信息和社交媒体数据,帮助零售商更好地了解市场趋势和消费者需求。

(4)库存管理。ChatGPT可以通过智能预测和分析,帮助零售企业优化库存管理策略,降低库存成本并提高库存周转率。

(5)营销活动。ChatGPT可以作为个性化营销的手段,基于用户画像和行为数据,定制化推送相关优惠信息和促销活动。

四、增强现实

目前,更多的企业已经充分了解AR(增强现实)技术的潜力,因为与该领域相关的商业部门的费用份额继续增长,这种数字化技术已经在汽车、医疗和零售领域得到积极应用。

通过AR技术能够很好地提供物理世界和数字世界之间的无缝连接,将人机界面的概念提升到一个全新的水平。

五、物联网

通过 IoT（物联网）技术，实现物理设备和网络的链接，从而实现更快捷而又更复杂的操作方式，在我们周围就有越来越多的日常生活中使用的东西都配备了内置传感器，并与其他设备交换数据，为人们提供最佳的用户体验。

物联网与零售基础设施的结合将为零售行业提供良好的生态系统。从采购商品到维护仓库再到销售商品，均可为客户提供更好的体验。物联网可以与零售行业的各个细分市场很好地结合。这不仅可以最大限度地降低成本和失误，还可以为客户提供更简单的沉浸式购物体验。

▶ 数字化转型

一、数字化转型的概念说明

什么是数据化转型？怎样实现数字化转型？数字化转型就是利用数字化技术来推动企业组织转变业务模式、组织架构、企业文化等的变革措施。数字化转型旨在利用各种新型技术，如移动互联网、大数据、人工智能、物联网、云计算、区块链等相关新技术为企业构想和交付新的差异化的价值。

进行数字化转型的企业，一般都会去追寻新的收入来源、新的产品和服务、新的商业模式。因此，数字化转型是技术与商业模式的深度融合，数字化转型的最终结果必然是企业商业模式的深度变革。

那么，数字化和数字化转型之间有着什么样关系呢？

1.数字化转型并不等同于数字化、信息化或IT本身

它是企业对如何利用技术手段从根本上改变绩效的彻底反思。

2.数字化转型推动者必须是企业实际负责人

数字化转型必须从CEO开始，需要跨部门协作，并将以业务为中心的理念与快速的应用程序开发模式相结合，包括探寻新的商业模式和新的业绩来源。

3.数字化转型与系统优化不同

它甚至会对现有企业从业务模式上进行根本性颠覆（重构），创造出新的业务模式或是带动业务模式的深入变革。从这一点来看，数字化转型的企业跨界、平台化、服务化的发展几乎是一个必然趋势，也是企业管理者们必须认真思考的一个问题。

二、数字化转型的意义

很多人以为，企业要实现数字化转型首先面临的问题应该是资金投入，其实这种想法是完全错误的。企业数字化转型首先面临的应该是制定战略、执行和应对与之相关的挑战和机遇的问题。现在，几乎所有企业的战略计划制订都需要涉及与数字化转型相关的经验和技能。数字化正在重塑企业，并帮助企业获得独特的竞争优势。

数字化转型是将数字化功能应用于企业流程、产品和资产等相关方法,以提高效率、增加客户价值、管理风险并把握新的创收机会。这种转变是全球性的,是时代的选择。为了适应这种转变,企业必须从根本上改变他们的运营方式,主动接受数字化变革并重新定位数字化在企业中的战略地位。

三、数字化转型带来的变化

数字化转型给企业带来了以下全新变化。

1.全新应用体验

这一点是数字化给企业带来最直观的变化。企业通过借助数字系统链接客户、员工、合作伙伴,进而打破时空限制,获得全新使用体验。

关于这一点大家感受比较深刻的如VR、北斗系统定位这样的信息技术,又如疫情时期租房很难到实际场地去看房,这个时候租房平台推出的VR实景就能让客户身临其境地感知房子的具体信息等。

2.全面提升效率

"互联网最本质特征之一就是高效传递信息",源自互联网技术的深化应用的数字化技术自然也具备了高效的特征。这种效率提升的速度有多么惊人呢?给大家列出一组数据感受一下。

2014年之前,华为的一条手机生产线需要配备86个工人,数字化智能制造推行后只需要14个人,每28.5秒就可以产出一部手机。生产效率是14年之前的6倍。

企业通过数据化转型将内部各种要素连接在一起，不但可以提高业务标准，还能大大提升工作效率。

3.成本大幅降低

效率提升之后，降本是必然的。完成数字化转型后，企业的人力、时间成本都会有所缩减，再加上效率提升，带来的收益也会相应增加，因此，不管怎么看，总成本都是降低的。

除此之外，企业实现数字化转型，人、货、场都链接到数字化平台之后，就会得到相对完整的数据进行分析预测部署。我们可以预测场中的人流量，据此推算货物的储备量，以提升库存周转率。

4.发现新的商业模式

数字化给企业带来的不仅仅是简单的降本提效，更能够帮助企业发现新的商业模式，我们可以从客户和市场两个维度来看。

从客户维度去挖掘增量，主要有两点：一是从市场的客户覆盖率考虑，去挖掘更多的客户。

挖掘更多的客户，主要是通过完善用户画像，收集外部市场、行业及第三方企业数据进行数据分析，再根据现有客户的特征，寻找潜在客户进行营销，逐步提高市场覆盖率，一个比较典型的例子就是拼多多。

二是从单个业务的渗透率考虑，去挖掘客户更多的需求。

挖掘客户更多的需求，主要是通过算法推荐，发现客户更多需求，像淘宝的"猜你喜欢"就是在提高用户需求的渗透率。B端企业可以通过分析产业链的上下游，去了解客户以及客户的需求点，以此去分析扩大客户需求。

可以说，在未来数字化转型之后的数字企业与那些传统企业之间的竞争，将会形成一种降维打击的效果。

在市场竞争日益激烈的今天，成本和效率提升已成为传统企业在竞争中胜出的关键。与此同时，市场对于质量和效率的要求也在不断提升。这就使得传统企业不得不面临前所未有的巨大挑战，而传统企业变挑战为机遇最好的办法就是数字化转型。

四、数字化转型的实现路径

我们认为，对于传统企业而言，要想实现真正意义上的数字化转型应依次逐一做好这几个层面的数字化转型。

1.IT能力转型

传统企业的IT部门往往都是辅助部门，是花钱的部门，重点工作在于运维保障，如保证业务系统的正常运行。IT能力转型不但需要IT技术上的支持，更需要企业IT在业务能力上进行支持。所以，IT能力转型应首先从企业IT战略的转型开始启动。

在数字化企业中IT不仅需要懂技术，更重要的是要懂业务，需要全程参与业务应用的研发和新业务的创新。这时的IT部门不只是企业的辅助部门，而应该是主导业务优化和业务创新的核心关键部门。在进行业务培训或业务梳理的时候，需要融合IT技术力量，技术与业务并重。

IT能力转型需要整合企业所有IT资源，包括应用系统、业务流程、基础设施、人力技能、技术资源等，需要能集中统一进行IT资源的管控。同时还需要加强与内部业务部门、外部技术厂商之间的内外部相关合作。在基础技术战略、业务战略、数据战略等战略方向，技术应用、平台构建、数据治理与数据应用、大数据、云计算、人工智能等应用方面进行统一规划、协调合作，构建业务服务统一的基础支撑平台，统一管控数据，以数据驱动支持协调各业务发展和创新。

对传统企业而言，IT部门是未来领导数字化转型核心部门。IT能力转型的成功与否，事关整个企业数字化转型成败的关键。

2.业务能力转型

以传统零售行业为例，近年来电子支付和移动互联网等一大批新技术的推广普及，导致新的经营模式层出不穷。这也产生了一个新的难题，即用老的"生意经"很难来管理这些新的业务。

目前包括零售行业在内的所有传统行业都在向互联网转型，其实这就是一个很好的数字化转型契机。但要想借此东风顺利完成企业数字化转型，就需要企业做好业务能力转型。因为只有完成业务能力转型，企业才能游刃有余地应对业务模式的转变和调整，在尽可能短的时间内对现有业务管理体系和业务流程进行相应的调整，从而实现对新业务管理效率的最优化。

3.生产能力转型

科学技术是第一生产力,科技促进传统行业的业务发生变革,也在倒逼着诸多传统行业进行业务转型。生产力转型正是为了更好适应这种趋势,生产力转型的根本目的是提升效率、降低成本、创新业务。技术是手段也是工具,好的顺手的工具能够极大的提升企业效率,提升企业生产力。

物联网、移动、社交等技术应用正在改变着人们的生活习惯,大数据、云计算和人工智能等技术的快速崛起以及发展改善着用户体验,与此同时,微服务低代码开发平台的推广普及,也极大提升了系统开发和实施的效率。

4.组织管理转型

生产工具决定生产力水平,生产力水平决定生产关系,生产关系助力生产力的发展。数字化生产力的变革势必要影响生产关系的变革,因此数字化转型也需要企业完成包括组织架构和企业文化在内的组织管理能力的转型。传统的技术与业务相互分离的组织管理模式,已无法适应未来以创新为核心的数字化企业的业务发展需要。在未来的数字化企业中,需要的是能结合业务和技术、积极创新、懂业务懂技术更懂数据的复合型人才。

目前,国际上和国内很多成功的企业(如亚马逊、苹果、华为、阿里等)有一个共同特点就是都十分理解科技并尊重科技。所谓重视科技投入,并不只是说买多少技术设备并将之运用到生产中去,而是需要强化技术观念的培养,技术人才的培养。

传统企业的数字化转型不能忽视组织管理的转型，应通过组织调整以确保企业适应数字化转型的需要，同时还需要重视数据资产、重视IT人才。以数据为驱动力，以传统业务为基础，以人才投入为重点，不断开创新的业务类型和服务方式。

5.领导能力转型

企业数字化转型是一个自上而下的过程，其中意识和认知的转型是企业数字转型的重中之重。另外，企业领导层的深度参与和强力推动也是企业数字化转型的重要保障。因此，为了能使企业更快完成数字化背景下的重塑新生，尤其需要关注和重视企业高层的领导力转型建设。

企业数字化转型的过程也是企业突破自我的过程。这个过程对企业高层的领导力提出了更高的要求和挑战。很多传统企业负责人往往会因为过去的成功经验沉淀了固定的经验模板。这些经验模板虽然能帮助企业在稳定环境下对一些既有问题进行高效处理，但同时也助长了其"自以为是"的思维风格。如果企业经营环境发生巨大变化，新的问题要求新的视角和新的逻辑助力解决时，已有的所谓的"成功经验"就会捉襟见肘（见图11-2）。

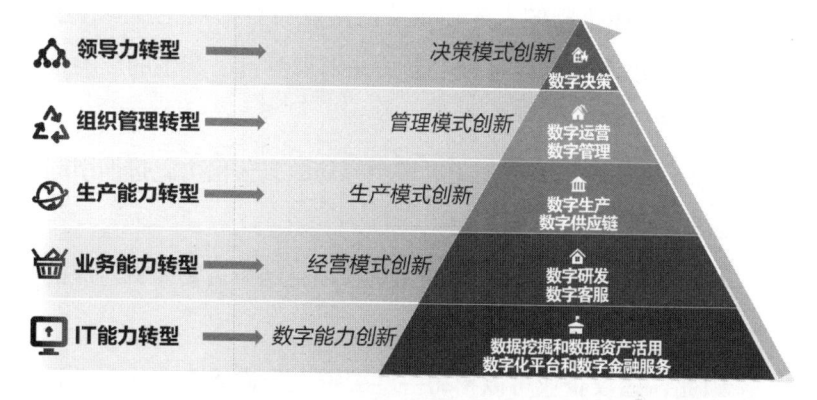

```
领导力转型      →   决策模式创新
                         数字决策
组织管理转型    →   管理模式创新
                         数字运营
                         数字管理
生产能力转型    →   生产模式创新
                         数字生产
                         数字供应链
业务能力转型    →   经营模式创新
                         数字研发
                         数字客服
IT能力转型      →   数字能力创新
                         数据挖掘和数据资产活用
                         数字化平台和数字金融服务
```

图11-2　企业数字化转型实现路径

▶ 数字化转型的实施关键

1.善从外部借力，用好咨询顾问

"数字化转型"不同于企业日常的生产经营，对于企业人员而言是陌生的工作。因此要进行"数字化转型"的企业需要从外部引入有经验和专业能力的人员，以帮助企业完成转型项目。在引入外部资源时，往往存在以下误区。

误区一：雇佣咨询顾问不如直接招聘相关人才

对于企业高层而言，总感觉咨询顾问是"雇佣军"，比不上"自己人"。因此企业往往希望通过招聘方式引入人才，而比较抵触通过雇佣咨询顾问的方式来引入人才。这样会产生三个问题。

（1）直接招聘的人才在企业内落位后容易产生"本位主义"，即在思考和工作过程中会关注未来对自己产生的影响，从而形成决策和动作的变形。

（2）企业内部人员推动过程中容易缺失公信力，进而引起内部团队的抵触。

（3）针对转型项目招聘的人员在项目结束后需要有对应的工作岗位，容易产生人员冗余的问题。

因此，建议企业可以招聘一些关键人员进入企业作为项目骨干，其余所需资源以咨询顾问方式引入。在项目后期，视顾问能力和企业需要进行有序引进，这样可以保证项目过程中的中立性，也不会错失优秀人才。

误区二：崇拜"经验主义"从而交出转型项目主导权

由于引入的外部顾问往往在数字化转型方面比较有经验，容易形成自己固有的节奏和打法。但每个企业都有其特殊的组织、市场和环境，不可能依靠一套方法打天下。因此，不管外部顾问如何"大牌"，如何有经验，企业都需要坚守"借鉴—思考—论证—迭代—落地"的过程。

"借鉴"指要开放心态，虚心听取外部顾问的经验和建议，切忌心怀抵触情绪或者直接全盘接受。

"思考"是基于顾问的经验和建议结合企业的实际情况进行思考，形成自己对转型项目的自我思考。

"论证"是基于自己思考的结果和逻辑与外部顾问进行讨论，听取外部顾问的意见特别是不同意见背后的逻辑。

"迭代"是重复以上三个步骤补充完整对项目思考的视角，形成全面的认知。

"落地"是基于充分讨论的结果坚定地落地实施。

误区三：过于依赖外部顾问，企业内人员参与度不足

由于转型项目持续时间较长又涉及企业内部的组织调整，因此企业高层很容易产生过度依赖外部顾问，而导致企业内部人员参与度不足。事实上"数据转型"项目最终落地还是需要内部人员落位的关键节点。因此，在项目开始之初就应挑选企业内部骨干加入项目小组，在参与项目的过程中让这些骨干人员理解并认可数字化转型的目标，以保证项目完成后企业的顺畅运转。

2.狠抓数字化人才的引进和招聘，实现核心系统的自主可控

数字化转型完成后，企业整体的运营决策依靠于大量的生产数据，智能决策也需要通过智能设备进行落地执行。在这样的形态下，生产系统成为企业的关键。在当前环境下，很多企业的信息系统都依靠外包或者采购云服务来实现，在数字化转型完成后，这种模式相当于将企业的核心命脉交到其他公司手中，是无法接受的。

在数字化时代，一个独立的公司必须保证核心系统自主可控。这也是为什么阿里巴巴要自研数据库来替代成熟高效的甲骨文数据库，每个有规模的互联网公司都自研自己的办公IM工具而不是购买钉钉、飞书或者企业微信服务。对于传统企业而言，在技术人才的招聘和吸引上往往比较落后，这就需要企业从组织结构、企业文化、人才培养、员工待遇等方面进行调整，以增加自己对技术人才的吸引力。

3.重视对企业现有人员进行的"数字化转型"培训

"数字化转型"是一个对企业进行重塑的项目，自然会对企业的员工提出更高的要求。因此，在项目进行时需要同步启动对企业员工进行数字化转型的培训，以便让员工更好的基于数据协同工作。由于不同职级的员工在企业中工作内容不同，一般来说将培训分为基础员工培训、中层管理者培训和高管培训三类。

高管培训由于更加关注打通视野、战略和长期规划的瓶颈，因此往往与战略咨询一起打包进行。

基础员工培训主要是面向一线员工和基层管理者，专注于培训员工未来所需掌握的工作技能，以便一线员工能够在项目落地后快速上手，包括系统功能、流程规范、质量要求、操作规范等实操性比较强的工作内容。由于一线员工人数较多，因此，适合先选择一些优秀的员工作为"种子"进行集中培训，再派遣到各个团队中进行扩散。

中层管理培训主要是面向企业的中层管理者，他们往往是连接企业高层和一线员工的关键环节，决定了企业决策落地的质量。在数据转型后，一名合格的企业中层需要具备一定的数据思维能力，熟悉常见的商业数据分析模型，在本职工作中的应用并了解这些模型背后的思考逻辑，同时还能具备基于数据的业务分析技能，以便能够引导自己所管理的团队进行工作。

这些要求对于传统企业中的中层来说是巨大的挑战，因此需要有匹配的培训方案提升中层管理者的数据能力。

总而言之，由于"数字化转型"早期非常需要人与数据进行紧密的协同工作，因此，企业尤其是传统企业只有提早对企业员工和管理者进行相关的培训，才能更好地让数字化转型在企业内落地。

4.打造"数字化"企业文化，助力企业"数字化转型"

企业文化是一个组织的核心价值观，体现在企业日常运行中的各个方面，是一个企业的基因。与传统企业内部笃信领导经验不同，一个数字化的企业上下皆以数据作为衡量决策及结果的唯一标准。要想让企业顺利完成数字化转型，需要在企业内部打造这样的文化，可以起到事半功倍的效果。

首先，需要从高层做起。高层领导对工作的关注点往往会成为公司员工努力方向的指挥棒，如果高层更加关注企业经营数据体系的建设，对企业经营的考核更多基于系统的数据指标而非下级汇报，那么势必会在公司内形成"用数据说话"的风潮，对于企业数字化转型会起到非常大的帮助。

其次，在转型过程中，要适时地在不同组织层级收集运用数据工作的优秀事例，并在企业内部进行宣讲。这样不但可以树立优秀的榜样，更能够让企业内部员工感受到企业进行数字化转型的决心。

最后，要基于员工岗位，改良考核标准，引入"数字化"相关指标，将"数字化转型"切实与员工的绩效绑定，鼓励的同时也形成倒逼机制。建立"数字化"的企业文化是一个"智能化"组织的基本要求，也是企业"数字化转型"的有力支撑，但打造企业文化也要注意轻重缓急，应结合企业实际情况与"数字化转型"项目的进展，灵活控制节奏。

▶ 零售数字化转型

一、零售业正在被数字化重塑

目前，零售业正随着消费和技术这两个要素的变化而发生着根本性变革，整个零售行业被数字化重塑。据抽样调查统计，31%以上的零售从业者认为颠覆传统商业模式的竞争对手是他们面临的最重大挑战之一，除此以外，还包括跟上快速变化的技术发展节奏和线上零售平台的业务竞争等其他挑战。

目前，中国有两股消费势力正在快速崛起：新生代顾客、三四线城市。放眼未来，"90后"人群将成为社会各职能岗位的中坚力量，而"00后"人群也将开始迈入社会。这是一群在网络及社交媒体环境中成长的顾客，他们习惯于快速、便捷、丰富的日常消费。中国新生代顾客的消费习惯变革在全球范围内也是领先和具有标志性的。与此同时，内陆低线城市的消费行为也会向沿海发达城市逐渐靠拢。随着社交网络、旅游业等的兴起，低线城市顾客会越来越接近于一二线城市的消费习惯，而消费行为的升级转变，也不再是一二线城市的专利。

纵观零售行业的整个发展历程，每一次重大的零售业革新，无一不是由技术推动。如移动互联网技术的推广普及，不但推动了包括实体零售企业在内的整个零售行业的经营模式发生巨变，而且影响了每一个人的消费生活观念以及方式，甚至还引起了产业模式的变革（见图11-3）。

顾客是…	这意味着顾客…	因此零售企业必须…	零售企业的转型方向…
互联的	可以随时随地购物	提供简单、无缝和直观的数字化购物体验	数字化、供应链、全渠道、物流、采购、数据和分析
明智的	能通过智能终端设备获取无限信息	积极应对顾客购买行为的变化	顾客体验、数据透明度、定价策略、忠诚度计划、数字化
理性的	具有社会意识、道德意识和环境意识	满足顾客对透明度和真实性的要求	数据透明度、法规遵从性、企业社会责任、健康、研发、产品协作
自主的	期望有表达意见的渠道	基于用户原创内容进行创新和改进	社交媒体、众包、数字化、数据和分析、研究和开发、顾客行为洞察
个性的	期待个性化消费体验	提供千人千面的个性化体验	数字化定制、数据和分析、忠诚度计划、供应链、商品销售
脆弱的	更容易遇到风险	采取措施保护顾客隐私	网络安全、合规性、数字化

图11-3 消费升级带动零售业的重塑

中国连锁经营协会会长裴亮在接受记者采访时就说道："新技术在资本的推动下对零售行业发展产生了重要的影响，大数据、人工智能、物联网、区块链、自动驾驶、无人机等一系列技术逐渐进入零售业并投入使用。实际上，技术对零售业造成的影响才刚刚开启。"同时裴亮还表示说："数字化应该是零售业实现转型和创新的一个重要突破口。不过，此前调研显示，有超过51%的零售企业尚未开展数字化转型，在已经进行转型的零售企业中，前台的数字化要领先于后台的数字化，即数字化营销、全渠道策略等要明显领先于商品的数字化和供应链的数字化。"

不过对于零售企业而言，务必要注意的是：技术升级最重要的是带来更多质量更好、价格更低的商品，这是零售业的根本。同时新技术的应用应首先为顾客着想，应该让顾客感受到技术带来的便捷（见图11-4）。

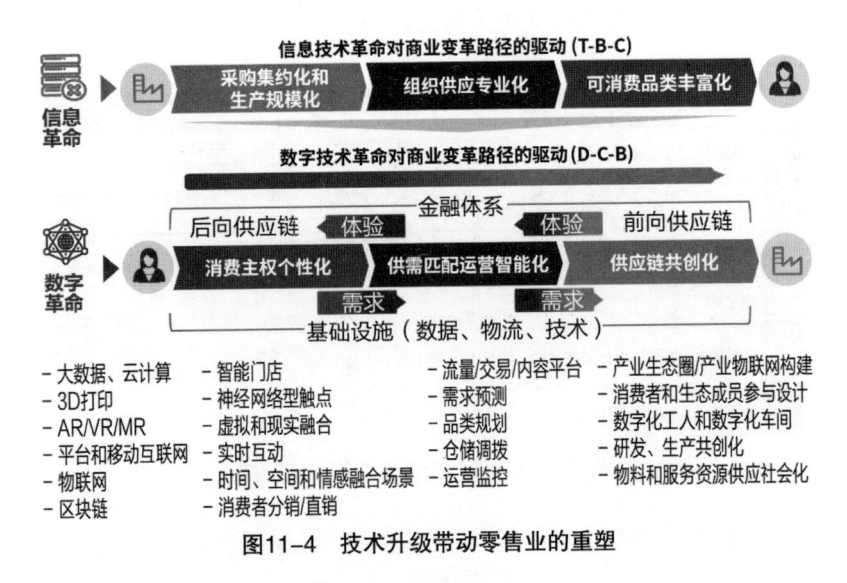

信息革命
信息技术革命对商业变革路径的驱动 (T-B-C)
采购集约化和生产规模化 → 组织供应专业化 → 可消费品类丰富化

数字革命
数字技术革命对商业变革路径的驱动 (D-C-B)
后向供应链 ← 体验 ← 金融体系 ← 体验 ← 前向供应链
消费主权个性化 → 供需匹配运营智能化 → 供应链共创化
需求 ← 需求
基础设施（数据、物流、技术）

- 大数据、云计算
- 3D打印
- AR/VR/MR
- 平台和移动互联网
- 物联网
- 区块链

- 智能门店
- 神经网络型触点
- 虚拟和现实融合
- 实时互动
- 时间、空间和情感融合场景
- 消费者分销/直销

- 流量/交易/内容平台
- 需求预测
- 品类规划
- 仓储调拨
- 运营监控

- 产业生态圈/产业物联网构建
- 消费者和生态成员参与设计
- 数字化工人和数字化车间
- 研发、生产共创化
- 物料和服务资源供应社会化

图11-4　技术升级带动零售业的重塑

二、零售企业数字化全景模型

随着消费升级和技术升级对零售业的不断重塑，零售的模式也开始不断演变。长久以来的那种以客户为中心，以产品为导向的传统零售模式逐渐开始向以解决方案和服务为导向、以注重支持和满足消费者的基本需求和期望为中心的全新零售模式进行转变。

能否成功实现数字化转型的关键取决于零售企业接受和拥抱数字化的决心和能力，有理由相信，经过"数字化重塑"的零售企业将会提供以客户为中心的无摩擦、无缝式购物体验，甚至还可以根据客户的背景信息来定制个性化的沟通方式和营销措施，从而深度吸引客户。经过"数字化重塑"的零售企业将会在其全新的生态系统中重新定义和重塑其价值链，以不断开展新技术创新并取得更多的回报（见图11-5）。

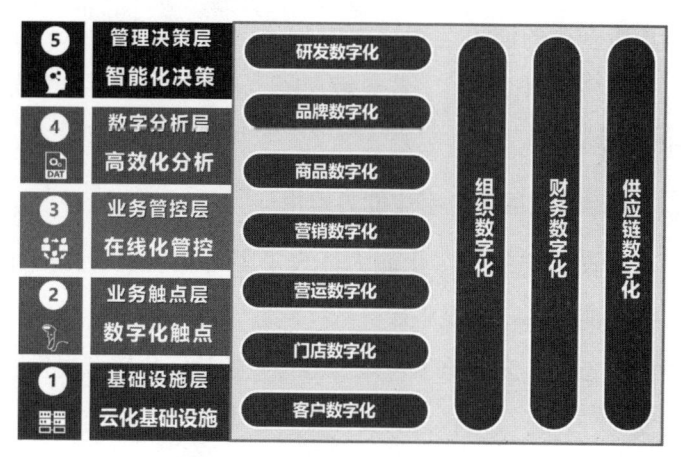

图11-5　零售业数字化全景模型

要想全面的认识和分析零售企业数字化全景，就务必要抓住两个焦点。一是从零售企业业务管理的角度，去分析和解读零售企业数字化。二是从零售企业自身内部数字化能力运用的层次，来分析和描述零售企业数字化。在这里，我们以常见的品牌零售业态为分析蓝本，以尝试对零售企业数字化全景模型进行一个大致的阐述。

从图11-5来看，能力运用层面的零售数字化是零售企业数字化实施基础，是构筑零售企业数字化大厦的骨干和框架。而业务运用角度的零售数字化则是零售企业数字化实施和应用的具体内容和工作方向，是构成零售企业数字化大厦的血肉和枝叶。而通过对基础设施、业务触点、业务管控、数字分析和管理决策层面的数字化运用能力的提升，可以赋能各具体业务领域的数字化应用能力，从而形成一个完整的零售企业数字化闭环。

零售企业的能力运用层次的数字化自下而上分成五个层次，分别是基础设施层、业务触点层、业务管控层、数字分析层和管理决策层。

1.基础设施层的数字化能力运用

基础设施层的数字化能力体现了零售企业数字化应用的基本技术能力。基础设施层的数字化能力运用的目标是实现基础设施的云化。云化除了可以为零售企业数字化转型提供基础算力支持外，还可以涵盖到支撑零售企业智能运算的算法模型能力、数据存储能力、数据之间传输的网络联通能力、敏感数据的安全能力，以及提升对数据实时和离线处理的能力等。此外，数字化的零售企业同样需要一个敏捷的、连续稳定的、成本优化的、安全和风险可控的智能运算环境。

2.业务触点层的数字化能力运用

业务触点包括零售企业、消费者、合作伙伴以及内部员工之间全链路业务环节中所有业务数据的接触点。这一层面的数字化能力运用建设的目标是要尽快实现所有业务触点数据采集和传输的数字化、移动化、智能化。

零售企业可以借助IoT、移动互联网等数字化技术，保持与消费者、员工、商品、合作伙伴等全链条的数字连接。触点数字化运用能力反映了零售企业数字化转型过程中，企业与各方交互触点的数字化水平的成熟度。零售企业可以通过实现各个业务触点的数字化、移动化、智能化，以达到多维度的消费者行为感知、员工和组织感知、商品状态感知、合作伙伴和生态感知，使得零售企业在全链条保持连接和数据获取能力。

3.业务管控层的数字化能力运用

零售企业的业务管控层就是零售企业的具体业务操作和业务管理层。零售企业可以通过业务能力服务化的方式帮助零售企业完成业务流程的数字化，从而实现业务价值的提升。一方面，零售企业需要快速响应来自各触点的变化，对业务流程进行重塑与优化，以实现组织沟通与协同的效率提升。另一方面，为了应对日益复杂的业务场景与需求，零售企业也需要对全链条数字化业务系统进行升级，通过不断的业务服务重构来实现业务共享和创新，以促进生态之间的开放与协同。

4.数字分析层的数字化能力运用

零售企业在数字化时代需要启动和激活数据的商业价值，充分挖掘自身高价值的"小数据"并充分结合生态的"大数据"，实现数据驱动业务，进而形成分析和洞察驱动型的企业文化。通过完善的数据体系，数字化的零售企业可以利用数据洞察赋能企业的全价值链，为企业的员工和合作伙伴提供运营指导，进而实现降本增效，同时，提高合作伙伴之间的协同效率，改善消费者体验。

5.管理决策层的数字化能力运用

这一层面的数字化能力运用是零售企业构建"数字大脑"的重要方向，也是衡量零售企业数字化应用水平的一个关键指标。基于复杂智能算法的推荐、预测、决策等数字分析结果，有助于零售企业在系统层级快速进行业务决策，并根据数据不断完善和补充，高效地进行业务行为的调整。零售企业管理决策层面的数字化能力建设需要通过对零售所掌控范围内的大数据进行不断的训练与学习，通过对决策模型算法的不断调优，从而做出更加智能的决策，并形成良性的学习反馈闭环，最终帮助零售企业实现全链条的高效决策。未来，随着人工智能技术的不断发展，零售企业的智能化决策场景应用会日益丰富。

三、零售企业数字化业务能力模型

在当今零售大变革时代，面对数字化的新零售浪潮，顾客的需求变化复杂。广大零售企业无不面临着同一个难题，那就是：如何通过零售数字转型来应对激烈的市场竞争挑战，激活自身企业优势筹码，重振经营活力。

零售企业应通过构建以顾客为中心，以门店为核心的数字化业务能力模型，强调创造增量价值，围绕对消费者的深度运营，重新构建零售企业独有的数字化营销体系、数字化供应链体系和数字化运营体系。从营销、供应链和运营三个方面深度赋能门店，从而加速实现门店数字化业务能力建设，促使门店实行数字化门店的转型。同时零售企业还需要夯实数字化转型的地基，积极推动IT能力转型，完成数字化业务创新能力平台的构建。在零售企业构建数字化协作平台,在零售企业外部与合作伙伴共建数字化生态圈(见图11-6)。

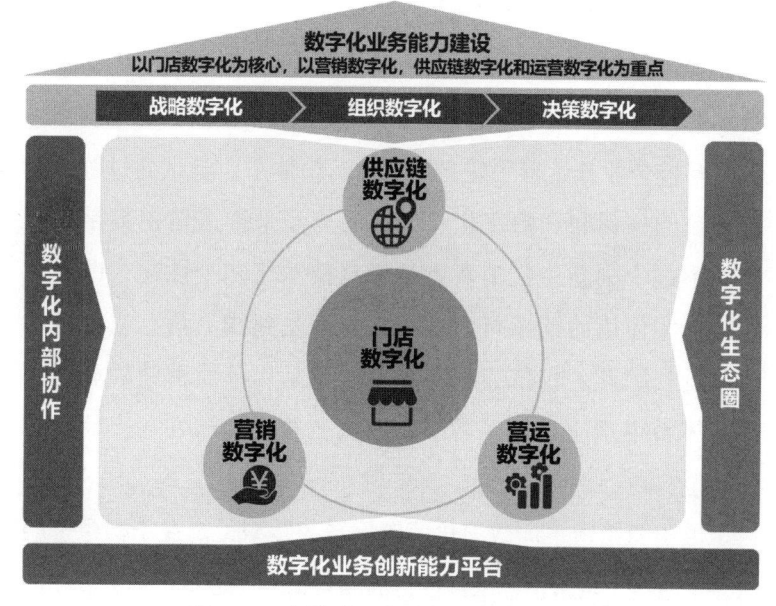

图11-6 零售企业数字化业务能力模型

零售企业只有凭借企业数字化业务能力模型,才能确保零售企业数字化转型的成功,从而促使零售企业在激烈的市场竞争中脱颖而出。

1.营销数字化

零售企业的营销数字化业务能力建设的目标是为目标顾客提供一系列创新的有价值的产品、服务、消费体验以及价格和优惠能力,从而实现增量价值。营销数字化能力主要包括两个层面的内容。其一是针对商品(品牌)营销体系的数字化能力建设和转型，其二是针对顾客的会员体系数字化能力建设和转型。

（1）营销数字化转型

营销对于国内零售企业来说实际上并不陌生，从调研结果来看，很多国内零售企业在此方面也颇为自信。现今越来越多的零售企业开始着手建立数字化营销体系，尝试通过营销数据平台的构建和和数字化互动沟通体系来推进营销数字化转型。不过中国新生代消费者越来越技术化和个性化，即使是在线上实体店的购买行为也很大程度受到线上信息或者活动的影响。因此，仅依靠现有单点、单品、单面营销的孤岛式营销体系很难应对顾客需求的变化，并使自己处在极其不利的地位。

传统营销体系向数字化营销体系的转型关键在于构建全触点、全内容、全营销体系。进行商品营销推广绝不是单纯关注某次活动的成功与否，而是要关注活动的转化效率。这就要求零售企业在进行营销活动时完成预算和效果测量之间的关系倒置，从预期顾客价值反推客单价、交易单数、转化率、流量指标、预算指标，然后再从每个业务指标背后需要投入的资金和技术预算进行累计和效果测量。从营销方式上，不再是以现实卖货为目的促销，而是需要通过营销来实现提高品牌知晓度、精准获客、爆款试推、提高互动活跃率等多种功能。自我封闭式营销需要进一步思考如何与生态合作伙伴共同进行增量式营销，以获得更多符合自身品类需要的增量顾客或实际成交顾客。

(2)会员数字化转型

会员体系的数字化转型可以持续提高零售企业的品牌价值，并可以帮助零售企业获取最真实的顾客消费数据。绝大部分实体零售企业均已建立起自身的会员体系，通过积分的方式等来黏住顾客。但目前的实际情况是绝大多数的实体零售企业均面临着会员复购率低、会员销售占比低等状况，这不得不让零售企业的经营者对会员体系的价值产生怀疑。

实体零售企业会员体系数字化转型的关键，首先在于需要把传统的"会员管理"转变为"会员经营"，不仅仅关注会员数量，更要关注活跃会员量。会员体系数字化转型要从点到面进行扩充，从B2C拓展成B2F（Friend朋友圈、Family家庭圈），通过种子会员带入泛会员，以降低获客边际成本。其次在会员积分方面，顾客积分的获取方式和消费方式可以更加多元化，比如参加商场或者门店活动、参与网络投票、带朋友加入等都可以形成积分，还可以通过赠予、体验试用等方式进行积分消费，而不是传统的单一积分打折方式。封闭的会员体系没有生命力，只有打破竞争思路，与生态伙伴构成顾客或者会员共享机制，一起服务共同的顾客，才能将各自掌握的部分标签体验共同拼接起较为完整的顾客（会员）画像。

2.供应链数字化

国内零售企业对供应链并不陌生，面对数字化技术的影响，零售企业的整体供应链实际已经被"逆向网络化"。传统零售供应链体系的技术重点在于提高生产规模化带来的效率和品类丰富性，而数字化供应链体系则要求零售企业能更多地提升关于感知和获取的需求，智能配补货、数字化研发、协同生产、采购智能协同、生产机器人、智能物流等，提升了供应链体系的快速高效性。面对愈加复杂的顾客需求，封闭链式物流和商流交付效率提升的模式将被打破，将更加关注数字化供应链网络和开放生态平台搭建，从关注对商品和供应链毛利的挤压式提升，转向重构面向零售消费的商业价值链。

目前，绝大多数国内实体零售企业均建立了比较健全的供应链体系，都纷纷构建了从研发、规划、采购、生产、交付和服务的链式价值链，但高库存、低毛利等问题一直困扰着企业。零售企业的供应链数字化转型可以通过数字技术将供应链各个环节直接进行链接，譬如可以直接通过3D打印按需生产，在供应链规划阶段就通过大数据和物联网技术来驱动补货直接到交付环节，通过产品跟踪和库存控制将供应链的交付环节和规划环节链接起来。

供应链的数字化转型关键在于构建融合数字化技术的灵活且有弹性的数字化供应链网络，并保持各个管理要素实时在线。竞争的焦点从速度转化为"速度、质量、成本、服务、敏捷度和创新"六个要素的组合竞争。通过速度、质量、成本、服务、敏捷度和创新等指标的综合组合分析，支持一致可靠的跨渠道产品运营和规划动态调整，支持仓储库存的全局透明化和高效调拨，支持物流线路最优化和运力的高效调剂和调拨,支持实体门店和线上渠道的高准确性补货预测等。供应链的整体高效性是基于强化的数据分析驱动,顾客能够无论何时、何地都方便和透明地获得高效和响应迅速的商品和运营服务。

国内实体零售企业的供应链体系更多的是推式供应链,主要侧重于降低成本和提高效率,未能考虑诸如订单时间和准确性等,严重影响顾客体验,因此造成了前端门店断货和后端库存积压的双重问题和矛盾,很多企业在门店铺货、补货预测上进行了很大努力,但效果甚微。

通过构建需求驱动的数字化供应链网络可以有效解决实体零售企业供应链的供需。构建需求驱动的数字化供应链网络可以从四个方面进行思考:一是使供应链与战略保持一致,并和面向顾客的前端功能集成、使用共同的顾客绩效体系。二是提高供应链可视性和共享信息,以帮助确保供应链中的每个参与者了解顾客需求,并跟踪物料、商品状态,依据数据分析进行预测和需求计划。三是通过更大的灵活性,以适应顾客预期和意外市场事件,并抓住机会寻找新资源、新材料、新产品,安排物流、扩大规模或进入新市场。四是通过分割端到端的供应链以有效地提供与顾客关联的产品来满足不同的顾客需求和价值。

3.营运数字化

从单渠道到多渠道,再到全渠道的发展,渠道体系从单一树状渠道体系逐步向神经状网络型渠道体系发展。顾客在不同触点和渠道间来回跳跃的可能性越来越大。现在的实体零售企业已经不能按照传统办法限定顾客的购物旅程和渠道了,需要构建全渠道的协同数字化营运体系。以顾客为中心整合实体零售企业的所有相关购物渠道,提供给顾客无缝式的全渠道购物体验,持续满足跨所有渠道和数字触点的不断变化的顾客期望,以确保顾客无论按照何种跳跃方式进行体验和购物,都能享受零售企业提供的无缝和个性化的消费体验。从优化现有市场和顾客的需求能力,转向创造潜在顾客需求、体验和价值的能力。

虽然绝大多数国内实体零售企业的全渠道构建已经到了一定阶段,针对不同渠道设置了不同的商品、库存和价格带等区隔,以不损害渠道的各自利益,但对于基于线下渠道基础上发展起来的线上渠道而言,缺乏低成本流量的带入,或是线上渠道得不到线下优势能力的支撑,盈利难以维系,顾客感受不到全渠道体验。顾客体验中,前台触点和渠道仅是一个方面,更重要的是要将实体零售企业从传统的以线下渠道为主的营运体系转型为未来数字化的全渠道运营体系。

实体零售企业在营运体系的数字化转型时,需要考虑在无缝式全渠道体验中,顾客会产生哪些变化?供应链需要哪些能力的支撑?全渠道库存是否可视化和一体化管理?跨渠道库存能否调配?这就需要保障会员、商品线上线下一体化运营、全链路营销、全局库存透明化等的中台能力,并以此为基础构建数据驱动的数字化全渠道运营体系,以保障跨门店和渠道库存查询、调拨和交付。同时还需要建立数据驱动的快速决策平台,以实时监控商品动向,快速进行不同级别城市、区域间调换货和补货。如此一来,通过后台数字化供应链网络提供的有力保障,可以满足顾客在效率、服务、成本等方面的差异化需求。

4.门店的数字化

当前线上流量的红利已逐渐衰退,主流电商平台的线上获客成本逐年升高,这一趋势促使传统实体零售行业加速向数字化转型,线上线下融合的全渠道运营模式势在必行,因此实体门店的价值凸显出来。在全渠道融合的数字化零售时代,实体门店的关键价值主要体现在两个方面:一方面,实体零售门店作为线下流量的入口,承担起对获客与用户价值转化的重要角色。另一方面,实体零售门店为业态升级与改造提供了空间场所。基于"流量思维"和"场景互联",通过融合线上线下渠道、打造充足的全场景业态以及重塑全品类商品矩阵等途径,实体零售门店将显著提升线下消费流量的转化与留存,并可以充分挖掘线下的潜在价值。

鉴于此,众多卓越的实体零售企业纷纷开始利用新兴技术,开启一体化数字化门店的解决方案。然而,纵观整个零售行业,目前仍有大量的传统零售门店维持着传统的门店经营模式,其在用户经营、商品管理、门店运营及管理等方面面临诸多问题,使其难以跟上零售行业日新月异的变革趋势。因此,传统门店的经营模式、经营理念亟须转型,而转型的有效路径就是门店的数字化转型。

传统门店遵循简单的"买""卖"经营模式，难以有效掌握用户的购买行为特征和路径，进而导致商品经营、用户经营等没有有效的抓手，制约了零售业务的快速转型和发展。因此，传统门店经营面临诸多痛点，管理工具和管理手段亟待提升。未来，在数字化门店越来越普及的竞争环境下，传统的门店经营处境将日益艰难。

（1）门店数字化转型

门店数字化转型的本质是经营理念的转变，理念影响模式，模式影响方法，方法影响运营，运营影响工具。要实现门店数字化，不仅是简单地增加数字化设备、集成化系统，还需要将每个经营环节所涉及的经营数据、用户数据、消费数据，通过数字化的集成应用连接和管理起来，以此提升用户和商品的全方位管理及运营。同时，围绕着商品、供应链、用户经营、门店运营等领域的数字化能力的实现，依据订单、客流数据等内外部因素，进行销售预测及经营规划，以提升门店的经营效率和效益。依据订单、客流数据等内外部因素，进行销售预测及经营规划，进而提升门店的经营效率。因此，门店数字化转型的最终价值，将是对商品、供应链及用户购物体验的优化提升、对门店运营的降本增效、对经营模式的本质变革。

门店数字化转型，就是将传统门店经营模式向数字化经营模式转变。在这个转变过程中，由于新技术及新场景的加入，传统门店的经营模式和经营手段将变得灵活多样。譬如，私域流量的引入、社区推客、点对点营销、线下零售场景互动延伸等，都极大拓宽了传统门店的获客渠道以及零售场景。因此，相对于传统门店，数字化门店经营模式已发生本质变革。据研究，传统门店的数字化转型对门店的商品营销和运营等核心业务环节的影响格外深远。

（2）数字化门店对商品的影响

实现数字化转型后的实体门店，可以通过数据赋能，以实现商品的智能化供应、规划、管理及运营。

未来数字化门店将精耕用户数据、智能化选品，并精准、及时、灵活地与供应链各端进行有效沟通，以实现门店品类矩阵的最优化与商品规划的效率化，进而达成门店商品销售的效率与效益双提升的业务管理目标。

（3）数字化门店对营销的影响

数字化门店可以充分利用线上线下资源，在门店与用户之间建立有效连接，通过多端引流、精准触达、精准营销、互联的场景交易等，最终达成充分挖掘用户价值的业务管理目标。

数字化门店还可以通过社交营销及内容营销，如推客、云货架等的整体导入，从时间上充分把握与用户的互动，从空间上显著扩充商品的品类与数量，达到流量、转化率、用户黏性、复购率等关键业务指标大幅提升，以最终实现销售业绩的最大化。

（4）数字化门店对运营的影响

数字化门店通过端到端的数据采集与分析，实现门店运营全链条的数字化，以有效指导门店运营统筹决策。数字化门店可以将实体零售企业多年积累的成功运营经验与数字化能力有效结合，并标准化、系统化、数字化、智能化地指导门店的管理与运营，最终实现门店业绩和运营管理能力的共同提升。

当前国内实体零售行业面临价值挖掘难、商品管理弱、门店评效低、运营效率低等诸多问题，而解决这些问题的关键就在于加快门店数字化转型。我们认为未来的零售将以数字化经营为主要特点，传统的零售经营模式已不能适应消费变革趋势。在未来，门店数字化将成为零售企业的核心竞争力。未来零售的竞争，将是用户体验、运营效率以及经营模式的多维度竞争，而门店数字化将在以上维度帮助零售企业构筑起全新的竞争力（见图11-7）。

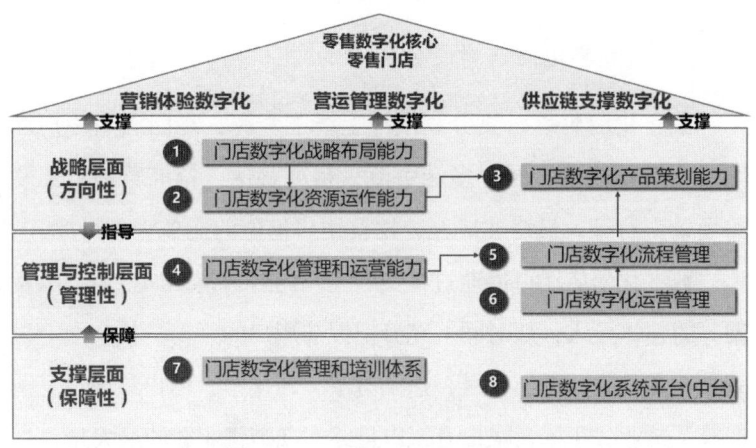

图11-7　数字化门店能力模型

四、零售企业数字化转型方法

对零售企业而言，零售数字化转型并不只是简单地对企业信息系统进行升级或增加一个电商销售渠道。零售企业的数字化转型应该是零售企业通过数字技术，实现业务和经营管理的深度融合，围绕着顾客（消费者）重构整体企业的整个价值链和生态系统，基于数据流的加速传递、价值深挖和创造的良性迭代循环，逐步实现从"一切业务数据化"发展到"一切数据业务化"，直至最终实现"一切业务用数据说话"，从而驱动企业增长模式的重塑。

零售企业经营者在进行企业内部数字化变革时，还会面临诸多挑战，有诸多问题亟待解决。比如，企业推动数字化的目标和远景是什么？在数字化转型的道路上处于什么位置？顾客需要什么？是否创造了与竞争对手不同的门店和线上体验？品类和服务具有时间黏性吗？是否通过高质量的数据分析来驱动精准营销？现有的技术平台和架构可否支撑起日益复杂的业务场景？供应链体系能够满足不断变换的顾客需求？企业愿意与生态合作伙伴进行数字化共生和共同创新吗？

其实，零售企业对数字化转型存在这样或者那样的疑惑是很正常的现象。迄今为止，整个零售业态的数字化转型仍处于不断探索和尝试的状态中，那些所谓的零售数字化转型成功案例往往只是在某一个方面做得较为成功而已，严格来说，目前在国内实体零售行业几乎没有一个称得上是真正全面转型成功的数字化零售企业。虽然如此，但还是从那些所谓成功转型零售企业身上发现了一些端倪，那些已经转型或者正在转型的实体零售企业，都是从如下途径着手进行数字化转型的。

1.基础能力的升级改造

绝大多数的实体零售企业的业务模式都以线下为主，在他们既定的业务模式下，都需要较长的适应期才能与日新月异的新科技、新文化、新消费接轨。即便很多的实体零售企业都开始抓紧追赶时代的步伐，加入了线上领域的开拓，但其在整个的组织架构及企业文化理念上却依旧停滞不前，难以及时调整。在毕马威发起的调研中，超过40%的实体零售企业负责人表示，投资回报率的不确定性以及预算问题是阻碍这些企业数字化转型的首要因素。

对众多实体零售企业而言，其零售价值链的基础是营销、研发、交易、支付和物流等这些传统的核心业务环节。所以，实体零售企业数字化转型的首选途径应该从基础能力提升开始着手，对这些方面进行数字化转型的投资和预算是完全可以把控的，同时也是快速见效的领域。

2.构建创新业务的能力平台

实体零售企业的数字化能力建设的目标不仅仅在于通过技术推动业务创新，更重要的要构建为目前已知领域、未来更多未知领域的业务创新提供能力和孵化平台，构建与生态合作伙伴的资源对接平台，打造能够为生态系统、价值链上下游伙伴赋能的能力输出平台，以驱动整个价值链的创新发展。实体零售企业需创造更多的持续学习环境，构建从假设驱动型试验、迭代"产品"发布到持续反馈环路，以最低投入和容错率进行快速应对。

3.打造内部充分融合的协作模式

数字化时代,零售企业的所有触点、商品、渠道和职能等要素共同融合成企业经营要素。零售企业的数字化转型首先就是要将所有触点整合成尽可能全面的信息画像,利用这个信息画像可以全面认知关键业绩指标,并利用先进的分析技术进行归纳整理,以便更快找到新的增长点。同时,业务、技术和数据部门要展开密切协作。员工与虚拟项目之间也要开展协作,以此打造内部充分融合的协作模式。

4.构建与生态合作伙伴的"数字化生态圈"

大量的生态合作创造了更加丰富的市场、顾客和渠道组合。越来越多的实体零售企业意识到,试图控制渠道和市场的旧商业模式已不再奏效,"不断尝试"和"敏捷交付"的"数字化生态圈"已日趋成熟。

"数字化生态圈"的原则其实很简单,即审查价值链,确保适当的合作伙伴能在价值链中提供不同的动能。继而积极推进创建一个生态核心圈,主要包括技术、商品、渠道、服务或者可触及的顾客量,从而吸引有更多想法、资源和顾客的合作伙伴进入生态核心圈,这种合作的成效比单独行动更好。

> 扩展链接

零售数字化转型成功案例

一、永辉超市：极致用户体验是企业数字化转型的抓手

2020年，永辉超市前三季度实现营业收入726.70亿元，同比增长14.36%；到家业务方面，永辉超市2020年前三季度实现销售额65.35亿元，同比增长180%，占主营收入比重的9.7%，其中永辉生活App占到家业务的比重达50.7%；其他多项核心指标也再创新高，经营质量和经营效率进一步提高。业绩快速增长的背后，离不开门店营收持续增长以及新开门店数量持续扩张，截至2020年10月30日，永辉超市已开业门店达970家，筹备中门店达217家。

"永辉生活到家"不仅贴近居民的生活，而且其卫星仓从接到小程序的订单开始，到触发拣货、流转、打包，平均仅需3分钟，包括配送在内的流程也只需要30分钟。其卫星仓从选址、地推时就引用了腾讯智慧零售的圈层咨询功能。

除智慧助力工具外，永辉还采用了三大数据精准服务：一是"优品"，精准预测销售情况及消费者商品偏好。二是"优客"，为线下门店洞察用户购物意向，识别目标客户群，优化每个转化环节。三是"优Mall"，以人工智能助力门店，提升消费者购物体验，实现对人、货、场的全面数据分析。

针对疫情期间用户暴增的需求，永辉对用户画像、流向、

渗透率等进行分析，提前分析预测可能爆发的商品需求与区域，提前做好商品在不同仓之间的分配、运力调配、仓储方案等方面的统筹安排，有效提升了到家服务订单履约能力与消费者的满意度。

此外，永辉超市的全国化采购和区域化采购体系早已建立，而且具有明显的供应链分层。上游做特色农业，中游做大件物流，下游做业态创新，最后整合成了一个全产业链的采购体系。从一开始，永辉的供应链走的就是全球商品对接、仓储物流、支付金融等大通路。

2020年8月，永辉超市控股永辉云创，聚焦线上业务和科技平台发展，推进到家与到店业务的融合发展，以及线上线下一体化进程，不断提升管理效率，降低后台成本，进一步加速了永辉超市数字化转型步伐。

在永辉超市看来，极致用户体验的本质是永远提供超出用户预期的价值，目前市场环境从供不应求向供大于求转变，业务增长由来自增量用户向来自存量用户转变，并且信息化时代的传播速度和传播范围都远胜从前，正通过极致用户体验打造病毒式裂变的正向飞轮。企业的数字化转型首先要使用VOC（客户声音）反馈，作为CX（客户体验）战略的指南针，其次要用清晰的战略设计和执行框架逐步提升CX，最后创建一个敏捷的生态系统，将最新的技术、数字业务方法和分析结合在一起。

永辉认为极致用户体验是企业数字化转型的抓手，使持续驱动企业内部运营管理更加完善，更好地满足顾客。

二、华润万家：加速线上线下一体化，探索全场景数字营销

作为传统商超巨头，华润万家在中国超市百强名单中连续两年蝉联第一。在零售O2O蓬勃发展的今天，华润万家也积极寻求数字化转型，加速线上线下一体化。一方面，华润万家建设自有线上渠道"华润万家App"。另一方面与京东到家、美团外卖、饿了么等第三方线上渠道展开合作，推进到家业务，拓宽服务范围。

在业态组成上，一向以规模取胜的华润万家逐渐收缩传统大卖场业务，向小业态、精品业态发力，推出高端超市、标准超市、便利店等新业态，涉及苏果、万家MART、万家LIFE等多个品牌。其中，社区便利店万家LIFE仅推出2年就达到近300家门店，精品业态万家MART则计划在未来2年增至100家。

据悉，华润万家或将推出新业态万家City，瞄准80后、90后中青年群体，借以探索零售新模式，谋求多业态协同发展。2020年7月，华润万家与达达集团在全渠道履约配送、商品管理、用户、营销等多领域加强合作。10月，华润万家首次携旗下全业态品牌参与达达旗下京东到家的"1020超市狂欢节"，超过1600家门店参与，覆盖城市是去年同期的两倍，为更多三四线城市带去"1小时送达"的消费体验。

华润万家还通过一块可实时变更、可与顾客深度交互的数字商显屏幕进行全场景数字营销。该方案结合电子价签、电子营销屏、智能传感器和AI摄像头等多项技术和应用，打造了全

场景营销平台系统,进而通过全场景多触点终端,形成了"积累数据—分析数据—应用数据—收集积累数据"的营销闭环系统,帮助华润万家完成了数据资产沉淀及应用管理,提升了卖场精细化、个性化的精准营销能力。

其中,生鲜模块自动匹配绑定商品数量,抓住生鲜管理核心,依据生鲜高损耗特点,早晚市时段自动显示促销和特价商品,以吸引顾客购买,消耗库存。此外,生鲜看板还可展示相应菜谱,用生动内容吸引客流。农残看板也是一大亮点,可直观展示果蔬类的农残检测报告,让消费者安心购买。

三、家家悦:供应链和数字化打造企业护城河

家家悦是以超市连锁为主业、以区域一体化物流为支撑,以经营生鲜为特色的全供应链、多业态的综合性零售企业。目前拥有874家直营连锁门店,年营业额超过150亿元人民币,成立25年来,已从一个区域零售品牌一跃发展成全国布局的零售品牌,事实证明,家家悦坚持的区域密集发展、多业态发展战略和商品战略等是正确的,特别是依靠生鲜核心竞争力和物流区域一体化布局,打造了企业发展的护城河和壁垒优势。

家家悦的优秀生鲜供应链能力,主要凸显在采购端。公司前身为山东省威海糖酒采购供应站,为国内首批农超对接企业,杂货直采比例达90%,生鲜直采规模超85%,领先同行,从采购端首先奠定消费者高性价比多元化需求的基石,并为到家服务打下基础。而发展高效配送的连锁物流,建设区域一体化,则夯实了到家服务的另一翼。为此,公司已投入使用的常

温物流中心总仓储面积约16万平方米,生鲜物流中心总仓储面积约7万平方米,各物流中心配送车辆总计约650部。

2020年,家家悦在提升供应链、加速区域扩张的同时,一方面优化业态,对老店升级,优化商品结构,加强门店精细化管理,增强精准服务和顾客体验。另一方面,全力打造新一代数字平台,落地数字化战略,不停探索全场景。

面对"宅经济",2020年年初家家悦火速推出优鲜App和优鲜小程序,加强新零售业务推广,以推动O2O及社区团购业务全覆盖。"家家悦生活港"推出后,家家悦到家服务更是井喷。作为家家悦全力打造的新业态,"家家悦生活港"汇聚全球100多个国家的上千种优质食材,通过"精品超市+特色餐饮+营销新概念"的全新组合,打造即买即食的新消费体验。

目前家家悦形成了生活港业态、O2O到家业务、社区团购、直播(双11期间,家家悦每天都有直播专场)四大板块的全渠道服务,并将以此为基础继续推进渠道端的线上线下联动,以满足顾客全场景服务需求和体验,努力构建领先的零售企业。

2020年年底,IBM基于SAPS/4HANA为家家悦设计和部署的"供应链与业财一体化的智悦行动"项目在集团全面上线,并成功推广到集团新拓展的张家口及淮北区域。该项目帮助家家悦打造了以消费者为中心,涵盖全供应链、多业态的一体化运营体系,以高效的数字化平台简化供应链、赋能前端门店,辅助科学决策,并有力地保障了企业快速而稳健的业务扩张。